JN057993

逆境をチャンスに変えて、人生を楽しむ 100の方法

平凡なサラリーマンから、
楽園ハワイで大成功する
最強ルーティン

木内九州生 著

セルバ出版

　お金もない、労働ビザもない、英語も話せない。

　本当に何もないところからのスタート。ないない尽くしである。スーツケース1つから、アメリカ生活がスタート。持っていたものは、昭和の男らしい「気合」のみ。今のご時世コンプライアンスは、完全にアウトなワード。

　海を渡ってから、色々な人との出会い。家人との出会い。恩師たちとの出会い。それらを積み重ねて、ハワイカイ（オアフ島南東部）までやってきた。途中、LA、サンフランシスコ、ラスベガス、ハワイ島コナ、そしてホノルル。33年の時間がかかってしまった。

　そのときどきのターニングポイントは何だったのか、何を考えていたのか?

　自分自身を検証してみた。

　高卒でお金がなく、ただ夢を求めて日本を出た男が、どうして今ハワイで、のびのびやっていられるのか。毎日のルーティンや考えで、どう人生が好転したか、お話ししていきたいと思う。

　本書から、1つでも、役に立つことになればたまらなく嬉しい。

　僕は、東京都杉並区荻窪に、1964年7月3日に生まれた。

　母親は僕を散歩に連れて行くと、「あいの子?」と、よく言われたらしい。今では完全に差別用語。幼少は「ハーフみたいね」と、周りが褒めてくれた。モダンな叔母には、「あら、あなたアラン・ドロンに似ているわね」と言われる。「あいの子」がアラン・ドロンに変化する環境は、非常に興味深い。人と違っていても、屁でもないという家庭環境に置かれたことは、今でもラッキーだと思う。

　父はアコーディオン奏者で、母親は書道家。大好きな父は仕事で

多忙を極め、日曜日しか家にいなかった。日劇やテレビ出演、ラジオ出演などしていた。それ以外は、中野のナイトクラブ「桃山」でグランドピアノを奏でていた。幼少の頃、そのナイトクラブに何度連れていかれたが、何と雅な世界かと仰天した。

　幼少はかなり変わっており、家族に近づいて来る大人をいい人か、悪い人かすぐに判別できた。

　「あの人怪しい」とすぐに口に出すので、両親はさぞヒヤヒヤしたであろう。小学校にあがると、勉強に身が入らず、ひたすら遊びと運動に時間を費やした。授業で、ずっと座っていることが、1番の苦痛であった。同学年の友達が騒ぎ出すものに全く興味を示さず、ひたすら自分の好きなものを探し続けた。それが洋画である。学校ではピンクレディーやドリフの全員集合が流行っている頃、「ゴッドファーザースゲー」と、ひたすら感激していたのを今も覚えている。この頃から、強いモノや、ブームに対するアンチテーゼは、とてつもなく膨れていった。

第2の転機

　小学校高学年からは少年野球に打ち込み、6年生でキャプテンになる。チームは10試合中1度も負けることなく優勝。この頃から運がよく、先行後攻を決めるジャンケンで10連勝。ジャンケンで勝っただけで、チームのメンバーが試合に勝った気になるのを見て、意外に人生は単純だと、子ども心に思う。可愛げがまるでない。優勝すると、周りの大人が喜んでくれる。勝負は勝たなければ意味がないと、そのときに悟った。

　母親につけられたあだ名は、極楽とんぼ。昭和に、である。中学校でも野球部に所属。勉強は更に疎かになっていった。3年生になると、キャプテンになり、チームワークを学んだ。

このとき劇的な出会いがあった。野球部の顧問である。中学校は荒れていて、顧問は前任の中学で大勢の不良と日夜戦っていた。積木くずし、そのままの世界である。

しかし、間近で見たその顧問は、ユーモアのセンスが抜群で、後の北野武を彷彿とさせた。試合で派手なトンネルのエラーをしても、怒ることもなくベンチから「いいぞー。そのすげートンネルを女子が見にきたんだ！」と、大声で叫んでいた。

緊張は解れ、ユーモアとジョークとはこういうものかと深く学んだ。

人は必ず、恩師という方向性を出してくれる人と巡り合う。

第3の転機

高校受験で、行きたかった私立の学校に落ちた。高校では、陸上の短距離走者になりたかった。その名門校に落ちた。勉強はしていないので、行ける高校も限られて、憔悴しきったまま受かった田舎の都立高校に1980年入学。

その夏、とんでもないことが起きた。所属する陸上競技部、田舎の都立の新設校から、100メートル競技で、2年上の先輩が、なんとインターハイに行ったのである。これは公立学校が甲子園に行くような難関。都大会で、先輩は優勝。南関東大会でも、インターハイ出場。予選から負けなし。

そのとき、自分が受験した名門校や、名だたる強豪校も、先輩に誰一人勝てず。僕は憔悴しきったまま進んだ高校で、とんでもないものを見たのだ。いくら探しても見つからないものが、たまたま目の前に落ちていた。

このとき、自分の人生はとてつもない幸運に導かれていることを感じた。ダイヤモンドが目の前に落ちていると思った。

第 4 の転機

　高校 1 年生、人生の分岐点の 1 つ、日本ケンタッキーフライド
チキンでアルバイトを始めたこと。当時は外資系の外食産業も少な
く、とにかく横文字のロゴがかっこよく、自分なりに小さなアメリ
カを体験していた。そこで働く大人が、仕事ができる人間を褒める
人だった。

　そこで褒められた自分が、木に登る。勉強嫌いな自分は、お金を
稼ぎたくて、高校卒業後すぐに入社を決めた。専門学校に行くわけ
でもなく大学を目指すわけでもなくスパッと「お金を稼ぐ」選択を、
18 歳のときにした。

第 5 の転機

　『ビッグ・ウェンズデー』をテレビで見て、心底響くものを感じ
た。ロケ地は、ハワイ、アロハシャツ、カリフォルニア、アメリカ。
1983 年 2 月、卒業式を間近に控えた寒い冬、叔母に連れられ初め
ての海外旅行を体験。それがハワイである。高校生の僕は、真冬の
東京から飛行機で 6 時間移動するだけで、花が咲き乱れる南国に到
着したことが、頭で理解できなかった。

　このとき、ひたすらハワイを満喫した。旅の最後にパーティーに
招かれ、その人たちの 1 人が、「若いんだから、ハワイの大学に行
けばいいのに」と言った。それが後々まで頭に残り、「行けるなら
行きたい！」　と脳の片隅にはっきり残った。

　1983 年 4 月、日本ケンタッキーフライドチキン入社。入社式で、
副社長大河原毅氏から裏に呼ばれ、「おれはお前らみたいなアルバ
イト上がりが、東大卒の奴より好きだ」と、固いグリップで握手さ
れた。東大卒は 1 人もいなかったが。この出会いも、後にメンター
として、ハワイで再会するのは運命であった。入社後は 3 年間の

アルバイト生活体験を武器にバリバリ働いた。

　20歳のとき、管理職登用試験に受かる。22歳、当時最年少で店舗責任者になった。当時の店舗責任者の平均年齢は32歳だったので、いかに早いかおわかりだろう。この頃誰も気がつかないバブルに突入しており、給料もうなぎ登りであった。しかし、18歳高卒で入社したため、ベースになる給料が低かった。

　22歳で店舗責任者になり、何人もの年上の部下を指導した。親切丁寧に教育しても、部下は大卒で基本給が高く、自分の給料を上回っていた。

　当時、役員面接という役員と社員でコの字型テーブルを囲み、30人くらいで、プレゼンテーションをする行事があった。役員面接のタブー的な話題が「給料」であった。

　僕が「今日は給料問題について説明させていただきます」と宣言すると、会場は凍りついていくのが、わかった。しかし、何と言われようが、これだけは説明しなければならない。

　「手取り足取り教えて、給料逆転現象は納得がいかない。何としても改定していただきたい！」と、進言した。今考えると、そのときの自分を称えたらいいのか、止めておいたほうがいいのか、アドバイスは難しい。

　進言を受け止めてくれた会社、時代、社会が、よかったと今は思う。

第6の転機

　1987年に、同僚とハワイに旅行に行った。前の上司が、ハワイ研修で勤務しており訪ねていった。KFCでは、半年に3人ずつのチームで国際人を育成するというスローガンのもと、研修生を送っていた。ハワイカイにある研修所は豪華で、今なら10億円はする邸宅に研修施設を完備していた。テニスコート、プール付きであった。

この頃、体力のある僕は新店舗スタッフとして、寝る間も惜しんで働いていた。かたや研修という名目ではあるが、休日の研修生は豪邸のプールサイドで寝そべっているのである。これを目の当たりにしたとき、平等ではないなと強く感じた。

　会社は90年代の初めまで好景気が続き、2年間で約5000人の社員、また優秀なアルバイトまで、ハワイへインセンティブで送った。人生最初の海外旅行のハワイと、研修所（会社）のハワイ、少しずつ見えない糸が近くなってくる。

　22歳頃からは、洋画やアロハシャツの趣味もあり、アメリカ、ハワイに渡る夢がどんどん膨らんだ。しかし、バブル時代、終身雇用が当たり前の時代に、退職を願い出るのは至難の業であった。3年計画で、1991年1月遂に退職願を提出。3月末で退職した。大好きな会社だったので、後ろ髪を引かれる思いもあった。辞めるとき、「給料も高く、出世もしているのに気が狂ったか？」と回りから言われた。部長は、僕のハワイ好きを知っており、「半年間ハワイ研修に行かせるから辞めるな」と、説得してくれた。このときばかりは、さすがに悩んだ。しかし、「半年ではなく一生行きたい！」という思いが勝ち、スパッと退職した。

　このときハワイ研修に行き、会社に残っていたら、今の自分はいない。

第7の転機

　1992年4月、アメリカロサンゼルスに、スーツケース1個と、ラジカセ1個で渡米。しかし労働ビザ、社会保障番号も免許証もない、英語も駄目なため、簡単に職は見つからない。日系スーパーには日系新聞が置いてあり、求人広告をみて手当り次第に「どうしても、アメリカで働きたいんです」と電話をかけまくった。ようや

く1つの会社が、「雇ってもいいよ」と採用が決まる。その会社は
JTBの孫の孫会社で、他の会社がやりたがらない仕事まで受けてい
たので、仕事はたくさんあった。

　1年半、完璧に現地ガイドとしての仕事をマスターした頃、同僚
の1歳の息子の誕生パーティーに招かれた。アメリカは、昔1歳
まで生きることが難しかったことから、盛大にお祝いをする。

　そこに来ていた、エイチ・アイ・エス西海岸の責任者から、「急
激に会社が伸びそうなので、労働ビザを出すから来ないか？」と言
われた。そのとき、エイチ・アイ・エスのガイドは、JTBのガイド
から、山賊と馬鹿にされていた。それまで働いていた会社も随分親
切にしてくれたが、その会社では労働ビザはおりない。

　迷わず移籍したが、この選択がのちの人生を大きく変えることに
なった。

第8の転機

　旅行会社を移籍しても、仕事内容はほぼ同じで気楽な毎日を送っ
ていた。あるとき、責任者から呼び出された。「サンフランシスコ
で、人が足りないから行ってくれないか？」。仕事もLAも気に入っ
ていた。友人もたくさんいた。南カリフォルニアは天気もよく、過
ごしやすいのだ。

　突然のことだったが、労働ビザをサポートしてもらっている手前、
拒否はできない。数日待ってもらい、サンフランシスコ行きをOK
した。サンフランシスコに異動してから、生活にも慣れ、伸び伸び
働いていたときに、生活が一変した。

　父が急に倒れ、危篤になったと日本から電話が。翌日、お世話に
なっている空港で働く人に、航空券を取ってもらい飛び乗った。人
生で、1番みじめな帰国だった。

理由は、労働ビザも中途半端で、まだまだ元気だろうと思っていた父の危篤。この数年、何をやっていたのだろうと、満席のエコノミークラスの中、虚脱感だけが襲ってきた。

　日本に到着し、電車を乗り継ぎ、長野県富士見町に向かった。病院では、いつ来るかと待っていた家族が、僕を取り囲んだ。今まで管を繋いで待っていたと。

　父の手を握ると温かった。しかし、鼻に繋がれた管は、見るからに痛々しかった。医師が来て管を外す。

「20時33分ご臨終です」

　終わってしまった。勝手に日本を出て行って、弟2人の結婚式も、ビザの関係で出席もできず、長男として本当に情けない思いでいっぱいだった。海外生活で、ずっと父とも会っていなかったせいか、亡くなったといわれてもあまり実感が湧かなかった。

　父は激動の昭和のなかで、好きな酒を死ぬほど飲み、好きな煙草を死ぬほど吸った。それはそれで幸せな人生だったと誇らしかった。悔いなく生きた父の死に涙は出なかった。

　ここで人生で1番のピンチを迎える。労働ビザ手続を依頼していたLAのコンサルティング会社が、僕からお金を取ったにもかかわらず、一切申請の手続をしていなかったのだ。緊急帰国したことで発覚した労働ビザ問題は、1からやり直し。葬式を終えたあと、ちょうどパスポートの更新であった。

　アメリカのオフィスに電話すると、パスポートを書き換え、会社でとりあえずB1B2のビザを取り、それでもし入国できたらL1ビザに変えよう。もしB1B2が取れなければ、一巻の終わり。藁にもすがる思いであった。3週間くらい待っただろうか。新宿本社に行くと、B1B2が取れたとの報告が。これが人生が変わる瞬間であった。

1年後、念願の就労ビザがおりた。就労ビザに関しては、難儀であった。運のみである。同じ時期、同じ条件で申請した人間が、ビザが降りずに日本に帰国した。そういう人間を何人も見てきた。自分の力では、どうにもならないものを思い知った。

　父が急に亡くならなければ、もしかしたら労働ビザが取れなかったかも知れぬ。強烈な運のよさに感謝した。

第9の転機

　西海岸の責任者から、「ラスベガスの支店長として異動してくれないか」と電話があった。少しだけ待ってもらった。ラスベガスは夏の気温が45度、冬はマイナスと暮らしていくにはなかなか厳しいため、働き手がいなく万年人手不足なのだ。

　しかし言葉とは裏腹に、実は新天地に心は弾んでいた。少年のときに見たスティーブ・マックイーンの映画『ネバダ・スミス』そのままの土地だからである。1996年に日本航空がラスベガス直行便就航、カジノの建設ラッシュの時期で多忙を極めた。

　1998年秋、「これをやりにアメリカに来たのか?」と自問自答の生活となる。いつもの悪い癖。また日本のとき同様、好条件の職場をスパッと辞めた。

第10の転機

　1999年、かねてからの人生の最終目的地と決めていたハワイ島コナにやってきた。ツアーガイドなどをやりながら、何かビジネスができないか日々模索。高校時代から好きなアロハシャツを販売するビジネスを2001年にスタート。縫製工場を知らない、プリント工場を知らない、売り先がない。ないない尽くしからの始まりであった。

日本でプリント工場が見つかり、幸運にも隆盛を誇ったアメカジの雄、渋谷のレッドウッドと取引が始まる。

レッドウッドから、全国のアロハシャツが売れそうな店を紹介いただき、足で回った。

しかし、いずれこのアメカジブームも去ると見越して、セレクトショップユナイテッド・アローズ、伊勢丹メンズを飛び込みで、2007年に営業。翌年から取引が始まる。日本でNO.1セレクトショップがユナイテッド・アローズ。NO.1メンズ百貨店が、伊勢丹メンズであった。

1人でビジネスをスタートし、巨大企業にアタックしていた。

第11の転機

前後して、英語DJの草分け的存在、ベストヒットUSAでお馴染みの小林克也氏と出会う。

また、元日本ケンタッキーフライドチキン社長大河原毅氏とも20年ぶりに再会。再会と言っても、入社当時は直立不動で挨拶しかできなかったが、ハワイ、軽井沢、虎ノ門の家まで行き来する間柄となる。

さらに、一代で一部上場企業にした第一カッター興業の創立者、永野良夫氏と出会い、様々なビジネス経験をご教授いただき、昵懇となる。

2004年ハワイ島コナで、バブルの臭いを感じホノルルに移住。この頃、プロ野球セ・リーグ元審判部長だった富澤宏哉氏と出会う。昵懇の間柄となり、ハワイ、東京で男の考えを学ぶ。

第12の転機

2012年11月、ワイキキに直営店をオープン。店のオープンには、

恩師のひとりである小林克也氏からの多くの助言があった。

第 13 の転機

2013 年 1 月結婚。翌年 5 月長男誕生。2017 年には、JAL の機内誌アゴラに登場。かなりの反響であった。同じく 2017 年、関西地上波テレビ『グッと地球便』に出演。

第 14 の転機

2018 年、念願のハワイカイに一軒家を購入。

第 15 の転機

2018 年 TBS『マツコの知らない世界』に出演。影響力は凄まじかった。小さい規模ながら、直営店の売上は順調に伸びた。2018 年世界のメゾンキツネのオーナー、黒木理也氏がやって来て、コラボレーションを持ちかけられる。

僕はメゾンキツネを知らなかった。その後、2 年連続でコラボレーションアロハシャツを販売した。

黒木氏とは気が合い、今でも親交がある。同じ頃、全日空からアロハシャツのコラボレーションの企画があがる。コンプライアンスなど大変であったが、2020 年日本で販売される

第 16 の転機

2020 年、世界をパンデミックが襲う。そのなかでも観光産業が主のハワイは、大打撃を受ける。失業者が全米ワースト 1 位。2020 年 3 月から 2022 年 2 月まで約 2 年間ストアを閉め、2 年間の家賃を支払い続けた。

「どうしても店を辞めないでくれ」との声で、クラウドファンディ

ングを実施。有難いことに約1か月で、800万円を超える資金が集った。

関西読売テレビから、パンデミックが大変だろうと、2021年『グッと地球便』に再度出演依頼。

ハワイのパンデミックの状況が正しく報道されていないため、ハワイの店の顧客である、TBS元常務、現BS-TBS代表取締役社長伊佐野英樹氏に直訴し、立川志らくの『グッドラック』に出演した。

2022年、エイチ・アイ・エス時代には飲み仲間だった矢田素史氏が代表取締役社長になり、代表電話から取り次いでもらい、23年ぶりに再会を果たす。

同年4月、ハワイで大型バイクの免許を取得し大型バイクを手に入れる。これがここ数年で一番心地よい出来事で、私生活や仕事も充実させてくれる重要なファクターとなった。

2023年4月、成城の母に手相鑑定をハワイ東京間のリモートで、やってもらう。かなりの良い運勢とのことで、自信を深める。

このパンデミックで、異業種の方との交流が深まり、人生の色がつき始めてきた。

第17の転機

2023年9月、TBS『サタデープラス』に主演。これほど「テレビを観た」と、お客様がお越しになるのかと不思議な感覚であった。KFC、HISでも、テレビCMが放映されれば、爆発的に売上は伸びた。

23年前。独立したての頃は、「有名になってから来てよ」とか、「アロハシャツはヤクザが着るものでしょ」と、冷たくあしらわれていたが、やっと自分が起こしたビジネスが、認知されてきた瞬間であった。

簡単に上げてみたが、日本ケンタッキーフライドチキンの元代表

取締役社長大河原毅氏、元プロ野球セ・リーグ審判部長富澤宏哉氏、BS-TBS 代表取締役社長伊佐野英樹氏、ベストヒット USA でお馴染みの小林克也氏、メゾンキツネオーナー黒木理也氏、丹下健三氏を父に持つ現在大活躍の建築家丹下憲孝氏、第一カッター興業の創立者永野良夫氏、どの方もその世界で一番の方たちである。ゲームの達人でもある。この方たちに支えられ、また大勢のお客様に支えられ、今に至る。

　もし日本でサラリーマンを続けていたら、またアメリカ西海岸でサラリーマンを続けていたら、出会うことのない人々である。

　1992 年所持金 10 万円、スーツケース 1 つ、ラジカセ 1 つで、日本を出た割には、すばらしい人生だと思う。

　あなたには人生の転機はいくつあっただろうか？

　僕は 2024 年に還暦を迎える。

　その間に 17 の転機があった。

2024 年 5 月

　　　　　　　　　　　　　　　　木内　九州生

逆境をチャンスに変えて、人生を楽しむ 100 の方法
～平凡なサラリーマンから、楽園ハワイで大成功する最強ルーティン～　目次

はじめに

第 1 章

神頼みの
本当の意味とは

1. パワースポットの勘違い

　パワースポットに行けば、何か得られる、パワーがもらえると思っている人は多い。行くだけでパワーをもらえるなら、みんな行く。そもそも、パワースポットとは何か？　まず人間生まれてきたのは、パワーがあるから。

　生まれてきたい！　という強い思いから生まれてきたのである。そのはずなのに、成人または物心がつくと、やたらにパワーをもらいたがる。不思議である。

　少なくともバブル時代の 1980 年代の日本では、耳にする言葉ではなかった。

　最初に観光で訪れたハワイ島。1994 年。この火山の島やマウナラニという土地が注目されてから急にパワースポットという言葉が出始めた。キラウエア火山は世界遺産である。僕は世界遺産の土地にいくつか行ったことがある。どれも心地よいのだ。

　パワースポットだから世界遺産になったのか、世界遺産がパワースポットなのか、どちらが先かはわからない。パワースポットに行くなら、まずは心構えとして自分のパワーをその土地に置いてこようという意識に変換しないといけない。

　そのうえで素敵な場所で「心地よさ」をもらってくる。

　これが一番重要である。ちなみに 2000 年頃、パワースポットと呼ばれているキラウエア火山には、仕事で多いときは週に 6 回は訪れていた。

　今の自分に関係あるかも、またないやもしれぬ。自分のパワーをその土地に置かせてもらい、次にそのパワーをいただく意識が重要なのです。

2.　日本を離れてより感じる神社への想い

　遠く離れた異国に住み始め、日本に帰国したときには墓参りに行く機会が増えた。移住してから、心の底から祖先を敬う心が生まれた。

　なぜか？　アメリカに渡ってつくづく感じたのは、全て自分 1 人でやらなければならないということ。失敗も成功も自分次第。日本では、誰かが助けてくれていた。家族も友人も知り合いも。

　アメリカだとパタっとなくなる。その環境に自分が置かれたとき、信じられるものは、祖先しかないと悟った。占いなどが巷に溢れているが、アドバイスで意識は変えられる。しかし、自分の生まれた日は、出生に誤りがなければ永遠に変えられない。

　その日無事に誕生したのは、ただ 1 つ、祖先がいたからに他ならない。祖先の誰 1 人欠けていても今の僕はなかった。もちろん、あなたも一緒です。

　これだけは事実である。だから、僕は墓参りに行く頻度が増えたのである。

　後輩や知り合いが、よくいう言葉がある。「最近ついてなくて」、悪いことが立て続けに起こるという。そこで聞く。「墓参りは行っているのか？」と。答えは「全然行っていません」。

　僕はアドバイスをする。まず、墓参りに行くこと。近くの神社に行き、賽銭をしてくること。賽銭をする際のしきたりは多いが、賽銭を入れたあと、次の人のことも考えずに 5 分くらい祈っている人がいる。

　これはいかん。シンプルに名前、家族があればその名前を思い浮かべ、無病息災を願うだけ。これだけでいい。余計なことはいらな

い。人に迷惑をかけることは、神社仏閣を訪れた意味がなくなってしまう。

　墓参りも同じ。無病息災で体が丈夫なら、いくらでも道は開ける。日本は神社仏閣が多い。遠い昔から変わらない。ついていないと感じた人には、墓参りをおすすめする。賽銭後は、自分と家族の無病息災のみを願い、速やかに帰る。可能であれば、最低でも年に２度は行くと決めておくことだ。

3.　自分へのご褒美は大切か？

　何年前からだろうか。自分へのご褒美にスイーツや欲しい物を買う。それは理由をつけて行動に移すと言うこと。わざわざ "自分へのご褒美" と名を打つ必要はない。欲しい物があり、その物を買える余裕があれば「好きだから買う！」と、宣言する。

　欲しい物には理由があるはずである。なんとなくなら、止めたほうがいい。どうしても欲しい、どうしても食べたい物は、宣言してでも行動に移して欲しい。ただし、欲しい物を多額の借金をしてまで購入するのはいかん。その物を手に入れ、幸福感や豊かさが生まれるのであれば、手に入れよう。

　また少しハードルが高く、いますぐには無理と考えるものなら、それが手元に来るためにはどうしたらいいか思案しよう。なかなか手に入らず、やっと手元に来たときの高揚感は、言うまでもないはずである。

　2022 年、32 年ぶりに大きなバイクを購入した。購入したあとの通勤の楽しさが、初めてバイクを購入した 43 年前にフラッシュバックした感覚は、文字で表現するのは難しい。

　そして何が起こったか？　運気が爆上がりしていったのだ。バイ

クが欲しいと思ったその日から、ハワイでの筆記試験、路上試験と数か月格闘し、免許を取得し、新車のバイクを購入した。購入するまでのプロセスも大いに楽しむことができた。

　自分へのご褒美という観点をなくす。購入までのプロセスを楽しむ。

4.　今からできる、日々の運を上げるコツ

　僕には駐車場の神がついている。笑われると思うが、本当にそうなのである。もう 25 年くらい言い続けている。

　大勢の買い物客が賑わうブラックフライデーや、アフタークリスマスのアラモアナショッピングセンターで、1 台も駐車スペースがないタイミングでも、ぽっと空く。これは仲のよい友人たちなら、誰もが認めていることである。今では息子もスペースが空くと、「今日も神がいたね」と普通にいう。

　自分は運がいいと思い込む。またこのパターンでは、駐車スペースがあると信じて疑わない。探しものにも当てはまる。息子とよくゲームをする。彼が好きなタオルを僕が寝室に隠すというもの。これが凄い能力を高めるゲームなのだ。あると思って探すので、一発で見つかるときがある。ないと思うと見つからない。あると思うと見つかるのである。これは人間社会にも、活用できるのではないかと思っている。

　「これだ！　自分は運がいい！」　と思い込み、日々小さな運を拾っていく。

　小さな運が貯まっていくと大きな運になる。小さな運を拾っていくことが、大きな運をつかみ取るコツなのです。

5. 初めて仏壇を

　神頼みと、よく聞く。では、どこに行き、誰に頼むのか、どれが正しいのかと、いつも疑う。やはり最初に敬うのは祖先だという思いがここ数年で強くなった。そこで、日本で仏壇を購入し、先祖の写真を並べ、線香をあげようと思った。

　東京の田原町駅から地下鉄の改札を地上階に上がると、辺りは仏壇屋だらけ。そこに2週間も滞在したことが、仏壇を購入するきっかけとなった。コンパクトなサイズ、飛行機で持ち帰ることができるもの、そんな観点で探した。しかしコンパクトなものは安いからなのか、数軒廻ったが店員があまり親切丁寧ではなかった。

　購入した店に入ったとき、恵比寿さんのような好々爺が現れた。空港まで送る手はずや、割引などもしてくれて、非常に満足の行く買い物となった。なにせ、おじいさんの笑顔がいい。徳のある人相をされている。ご利益がありそう。

　嘘か真か、それから実にいい運気が、持続している。描いたとおり、ハワイで祖先の写真を眺め、線香を焚き、毎日暮らしている。実に幸せである。神頼みの前に祖先を敬う。ここから始めよう。

6. 神社の近く

　2022年の終わり、東京入谷に、寝るだけスペースの中古マンションを購入した。お世話になっている方や、自分の母親が高齢なので、いざというときに着の身着のまま、すぐ行けるようにと考えた。

　2020年から店を一旦閉じて、長いこと、行ったり来たりの生活をしていた。パンデミック真っ只中ということで、東京の東側のホ

テルはべらぼうに安かった。末広町や田原町のホテルだと、一泊
3500 円なんて日もあった。21 連泊しても、ハワイのシェラトン
ホテル 1 泊分であった。

　それが 2022 年秋、外国人観光客が行き来できるようになり、そ
のホテルが 12000 円。これでは、長期滞在ができない。また以前は、
荻窪に生家がアパートで残っていたが、そこも引き払い、洋服や靴
などの置き場所もなく困っていた。

　毎回ホテルでは気疲れすると思い、台東区が気に入り、徹底的に
探した。どうも好きなものには、異常に闘志を燃やす性格らしく、
結果中古であるが、イメージどおりのものを手に入れた。

　場所は、マンションの窓を正面にすると、右側に三島神社、左に
小野照崎神社がある。占い師さんに、方位の災いを除ける秘宝を伝
授され、実行してきた。自分が、好きで、好きで、求めた土地。愛
着が湧くのは当然である。

　古くから引っ越しのときには、こういう儀式をしていた昔の人。
どうも、こういう習慣がなくなってきている気がする。

　東京で拠点を得てから、めちゃめちゃ運気が上がった。これは、
何かの暗示だったのか。

　残りの人生を、面白可笑し
く行けそうな気がする。神社
の近くは、何か落ち着く。

　駅からの帰り道、必ずどち
らかの神社に参拝する癖が
ついた。

　神社仏閣は不思議だらけ。
うまく神社仏閣とお付き合
いし、運気を安定させる。

〔最強お守り、三島神社〕

〔三島神社〕

〔箱根元宮〕

第 2 章

高いアンテナで捉える、
新しい顧客体験

7. 「売上を上げる」ために
   人が来ないオーラを消す

　2012年11月にワイキキのストアをオープンさせた。場所はワイキキとアラモアナの中間、大通りより1本入ったところ。ルームメイトを空港に迎えに行ったとき、偶然空きスペースの看板をみつけた。まず考えたのが、自分の住むコンドミニアムから店まで5分。通勤が楽だな。

　もう1つはオープンしてしまったら365日1人でやらなくてはいけないな。一瞬考えたが、翌日不動産会社のアポイントを取り見せてもらった。店内は広々しており、窓が多く、家賃もその辺りの相場としては比較的安く感じた。決め手は、借りていた倉庫の月々のリース代を差し引けば、驚く程の負担にならないこと。

　内装も変える必要がなく、倉庫に置いてあったアロハシャツを展示すれば明日にでも営業できること。契約し、友人がカーテン装着や、ディスプレイも手伝ってくれ、晴れてオープンできた。すぐに売上が上がるとは思っていなかった。

　そんなとき、やり手の茅ヶ崎の不動産屋のおやじに「この店が軌道に乗るまでどれくらいかかりますか?」と質問した。

　僕は3年くらいで軌道に乗ると思っていた。卸の仕事も10年以上していたからだ。しかし彼は、「5年だ」と即答。実際、ちゃんとした売上が出るまで5年かかった。

　蛇の道は蛇である。先人の言葉は、凄いと実感した。オープンしてわかったことは、僕の前のテナントは過去10年全員が夜逃げ同然だったらしい。そのため、あなたは信じられないかもしれないが、「人が来ないオーラ」が、漂っていたのだ。

そこで何をしたか。まずお客様に無料でコーヒーをバンバン提供した。もう1つは、知り合いのアーティストに頼み、ライブコンサートを開催した。

なぜか。人が来ないオーラを消すためである。人が賑やかに来るイメージを建物内にもたせた。それからはぽつりぽつりと、お客様が来るようになった。別の章で書くが、2020年2月、2月の売上としては過去最高を記録した。

しかし、パンデミックにより、2020年3月23日より2年間閉店した。そして2022年2月4日再オープンした。このとき、また人が来ないオーラが充満していた。「さあて、またか」と呟きながら、ホテルのコンシェルジュや、メディア関係の方40名を招き再オープンのパーティーを開催した。

その後2020年6月から、以前と同じような活気が戻ってきた。店舗がうまくいかない人、これから店舗オープンを考えている人は参考にして欲しい。

客商売なら、人が来るオーラをつくろう。そして日々来店されるお客様には、お茶の一杯でも提供してみよう。対面販売ならばお客様との会話を増やしてみよう。

8.　アンテナを高くあげる

これはどんな分野でも役に立つ。自分がどうなりたいか、何がしたいかを明確にイメージすることは特に必要である。ある程度ストアの売上が上がってきたころ、ヨーロッパ進出ができないか、探り始めた。またお客様との会話が弾んで、色々なヒントをもらうことがある。それを言い始めて、1年くらい経過した頃だろうか。

「1人の変わった若者が店に来ている」と、スタッフから電話が

あり、僕に会いたいと言っているとのこと。慌てて原付バイクで店に行った。待っていたのは、雰囲気が独特な男であった。その男は会うなり、「自分が今1番興味があるのがアロハシャツで、コラボがしたい」と、初対面であるにも関わらず15分くらい、熱く語るのである。僕は多少圧倒されたが、何かよい人そうなので「一緒にやりますか?」と即答した。

彼は、幼少のときパリに行き、ずっとむこうで暮らしていたので、その話を聞きながら、彼に興味を抱き始めた。その日は30分くらい雑談し、別れた。その男は名刺を残していった。

「メゾンキツネ」代表と、書いてある。変なブランドの名前だねと、スタッフたちと話した。スタッフの1人が調べてみると「メゾンキツネ」は世界的に有名なパリを本拠にするトップブランドであった。怖いもの知らずとは恐ろしいもので、相手の素性を知らない時点でコラボを決めていた。

いわゆる直感というやつである。

結果、2年連続でコラボレーションをした。直感を磨くと、よい方向にいく。その前にアンテナを掲げていたから、舞い込んだオファーだと思う。今もメゾンキツネの代表、黒木理也氏とは交流がある。

直感力を磨いてみよう。

9.　他と違うサービスを考える

僕は、日本では外食産業の現場に、アメリカではツアーコーディネーターとして、現場に出ていた。どちらも直接お客様と接する場である。ある面、覚悟が必要である。物を売るにしても人を案内するにしても、知識と常識は必要である。それが不足しているとクレー

ムという形で返ってくる。

　クレーム処理をサラリーマン時代、約 20 年やってきた。このクレームが、実に厄介である。

　逃げても、逃げても、追ってくる。逃げれば、逃げるほど、深みにハマる。

　では、どうしたか。最初は、理不尽なクレームから、逃げていた。しかし、逃げても何も解決しないのは、誰でもわかる。人間は弱いもので、高圧的に言われると引きたくなる。そこで僕は考えた。クレームが出ないようにすればいい。具体的にどうするのか。旅行会社のときは、お客様から指摘されないように先手を打った。ラスベガス時代は、「こういうことが多々起こりますので、十分注意してくださいね」と事前にお客様に説明するのである。

　説明されると、お客様の脳の一部に「注意」というイメージが残る。もちろん万能ではないが、注意喚起は有効な手段となる。それでも、どうしてもクレームが出て、会社側に落ち度がある場合は、誠心誠意ひたすら謝罪する。

　その前に重要なのは、お客様と真摯に向き合う態度だ。僕は、「今回は、こちらの落ち度でございます。すべて片がつくまで僕がお客様のお相手をさせていただきます」と、毅然とした態度で述べる。まずこれで、お客様の苦情は、半分にへる。今の時代、なかなか直接お客様に謝罪に行く機会も少ないかもしれない。しかし、「事の本質」を見抜き、お客様が何を言いたいのか、何を求めているのか、瞬時に判断する能力を磨く。さてここまではどこにでもある話。

　ここからどうするか？　お客様を常連さんへと導くのである。僕はサラリーマン時代のお客様との接客、クレーム処理によって多くのことを学んだ。お客様は、その店の特別な存在になりたいのである。

「ピンチをチャンスに！」、とは、こういうことを指す。僕がハワイにお店をオープンして徹底的にしたことは、会話を増やし、コーヒーを無料提供し、コミュニケーションを高めることでした。今では購入されたお客様へ、自分の持っている知識を惜しげもなくお渡しするようにしている。逃げていたところから常連さんになってもらう。

10.　心地よい空間をつくる

2014年に店をオープンするとき、単純に買った、売っただけのアクションはしたくはなかった。それでは面白くないと思っていた。どうせやるなら他でやっていないこと、やっていないサービス、空間を提供できないかと知恵を絞った。

そんななか、椅子やテーブルには思いを入れた。ハレクラニホテルで昔使っていた中古の家具を購入し、お客様とコーヒーを飲めるスペースを確保した。だって「これ元ハレクラニホテルの家具ですよ」と、説明するのは面白いではないか。そして、古きよきハワイアンをBGMにした。うちの店でかけているコンテンポラリーハワイアンをBGMにしている店は、ワイキキにはなかった。

そして自分の好きなバニラマカデミアナッツのハワイアンブレンドコーヒーを、話好きなお客様に出し、会話を楽しんだ。自分が楽しくなければ、お客様によいものを提供できないと考えたからだ。

ワイキキとアラモアナの中間の裏路地。開店当時は、「場所が悪いですね」と、お客様によく言われた。僕は、裏路地にある名店を目指すと宣言。隠れ家的なイメージをつくりあげようと毎日模索した。その甲斐があり、1年後には来店のお客様に「いい場所ですね。窓も大きく、景色が見える」といわれ始めた。

自分とお客様の楽しむ空間をつくることが、商いの一歩と考えている。

11.　1 人に頼らない店をつくる

よく名物オーナー、名物店長などと聞く。実は僕も指名される。それは 2014 年にワイキキの店をオープンしてから、最初の 5 年間、365 日、家人と 2 人でやってきたことに起因する。最初はとにかくお客様と深く交わることだけを念頭にやっていた。それからパートさんが入ってきて、最後に店長を採用した。今でも「オーナーはいますか？」と、メッセージが入るのは、そういう理由である。しかし、コロナで 2 年間クローズしていたときから、それではいけないとずっと考えていた。

そう、誰がやっても同じようにお客様が満足する対応ができる店にすること。僕がいるときだけ売上が高いのはスタッフに悪影響を及ぼすし、長い目でみると非常によろしくない。

2022 年 2 月再び開店したとき、売上がゼロになった。そこから、パーティーを催したり、ホテルに営業に行ったりした。6 月になり、少しずつお客様が来店されるようになった。そこで店長に戻ってくるかと打診した。返事は「もちろんです！」と。それからは、皆でシフトを分け、僕 1 人の店番の機会をなくしていった。

だからと言って、全く店に行かなくなった訳ではない。月曜日から金曜日まで必ず数時間いることに変えた。そうすることで、開店当初からの常連さんもお店に来やすいし、スタッフとも毎日コミュニケーションが取れる。

この体制にしてから 2 年、自分の想定どおりに推移してきた。一個人に頼らないで、接客した人を目指して再度来店してくれる運営

をする。長く続く秘訣はそういうことである。

　名物店長、名物オーナーはいらない。

12. 「51 対 49」の論理

　僕は常々、51％の人に気に入ってもらえるかを思案している。店でも、僕のつくるアロハシャツでも、僕個人でも51％の人に支持されたいと思う。国民的人気のある俳優さんや、タレントさんには、スーパースターと言われる人が存在する。TV撮影の運転手をやったときに、ハワイ島キラウエア火山からマウナラニリゾートホテルまで「明石家さんまさん」を乗せて、4時間ドライブしたことがある。

　車内には浅田美代子さんと、お偉いプロデューサーさんも一緒であった。余談ですが、とにかく4時間、さんまさんは1人で喋り通しでした（笑）。キラウエア火山の溶岩をけっこう歩く撮影であった。そのときは、音声さんやらカメラマンさん、プロデューサーさん、ADさんなど、総勢30名の大きな一行であった。僕は一番後方を中村玉緒さんらと、ぞろぞろ歩いていた。

　そこで、スタッフに「芸能界で一番仕事がやりやすいのは誰ですか？」と質問した。スタッフは即答で、「さんまさん！！！！」とこたえた。

　もちろん近くに本人はおらず、ヨイショでも忖度でもないことはわかった。撮影の合間を見ていると、音声さんや他の人々にも、「ちゃんと水飲んでいるか？」などと声をかけている。面白いし、気が効くし、敵がいないのだ。これがスーパースターかと実感した。

　ホテルに帰り、翌朝、あるスタッフさんから聞いたのは、さんまさんは、時間が押して、5時間しか眠る時間がなかった。しかし、

そのうち2時間泳いでいたと。人には優しく、見られる職業の自分には厳しく。プロと言うものを、見せつけられた。

　取引先で、「東山紀之さん」とお会いする機会があった。ハワイにお越しになっていたので、僕のアロハシャツを提供した。そのとき「写真を1枚いいですか？」と尋ねた。ご存知のように当時最高の力を誇るプロダクション。写真撮影は一切NGと聞いていた。そのプロダクション関連の運転手もしたが、暗黙の了解かのごとくNGであった。

　しかし、東山紀之さんの答えは、「いいっすよ」と笑顔で。背も高く、物腰柔らか、笑顔が素敵で、体脂肪率は3％。嫌いな人がいるわけがない。

　2003年「明石家さんまさん」と、「東山紀之さん」は90％以上の人に好感を持たれていたと思う。これがスーパースター。そこまでいけば何十年トップに君臨できる。君臨できるのは、親切にしてあげた人たちがみんな支え、応援してくれるからだ。

　これから売り出そうとしている人は、まずは51％ファンを増やす。49％に支持されなくても51％支持されると、それから違う景色が見えてくる。

13.　「売れないよね」は、売れない

　アロハシャツを売り始めたのは2001年。日本での最初の取引先、「渋谷のレッドウッド」から、いいお店を紹介され、日本全国津々浦々歩いた。北は北海道から南は九州まで。

　レッドウッドに行く前も、色々なところに話を持って行き、熱く語った。自分のつくったものに愛着を感じていたし、これを広めるんだという情熱もあった。

それとは裏腹に、「これ売れないよね」だとか、「これヤクザが着るやつだよね」とか、「売れたら来てよ」と、対応はけんもほろろであった。

　さて、本書が出たら、反応を知りたい。本の企画書も同じで、「今出版不景気なんだよね」、「インスタフォロワー10万人くらいいないと出せないよ」とか、「今、本は売れないんだよね」と、至るところで断れ続けた。どんな商品でも新しいものを売ろうとすると、「無理、無理」「駄目、駄目」と多くの人はいう。

　電気自動車のテスラも、アップルのiPadも、昔のソニーのウォークマンでもそうであった。せっかく生まれてきたのだから、自分がつくったもの、また書いたものが、何とか売れるように持っていくのが、面白いと思いながら生きている。

　だから、今どきの自己啓発本とは明らかに違う、提案型ではない。もちろん上から見下ろしているつもりは全くなく、僕は経験に基づきすべて言い切っている。自分のつくったものに、愛着と情熱がなければ、売れるものも売れない。

　僕は何度断られても、邪険に扱われても大丈夫。人よりちょっとだけ情熱があれば、きっと本も、人生も面白い！　と言ってくれる人がいるはずだから。

　これが持論である。

14.　どこかで覚悟を365日店

　小さくてもいいから、自分のお店を開きたいと思っている人もいると思う。まず開くときに、コミュニティーやエリアで、役に立つか、ためになっているかを考えよう。

　僕は、2012年にワイキキの裏通りに店をオープンして売上もほ

とんどない頃、「綺麗なお店をオープンしてくれてありがとう」と言われた。これがすごく嬉しく、人様の役に立っているなと思った。

それからは、観光地にオープンするのだから365日雨の日も風も日もやろう。お客様にがっかりしないようにやろうと覚悟を決めた。

途中コロナという世界的パンデミックにやられたが、何とか乗り越えた。やはり、自分の店を開くなら、自分で365日やる覚悟でオープンする。結婚している人なら夫婦でだけでいい。もう少し人手が必要な職種ならギリギリお客様に迷惑のかからない人数から始める。そうすれば、最初は何とか夫婦で食べていければいいと、絆も深まるし、大概の苦労は苦労と思わない。やはり基本は覚悟。これがあるかないかで、その後の店舗経営は大きく変わる。

オープンして3年経過したとき、息子が1歳になった。このときまで1日も休まなかった。パートさんが、「たまには休みを取って家族でビーチにでも行ってくださいよ」と言ってくれたとき、ハッとした。それまで365日働くことが当たり前だと思っていた。

それからは、ときどき休みをもらい、遊びに出かけるようになった。しかし、何年も休みなしでやっていたことで、今もたくさんの常連さんが来店してくれている。

商売は正直に真面目にやる。これが基本中の基本。それを蓄積することで運気は持続する。

15. 困ったときはお互い様 マウイの話

店が、パンデミックでかなりのダメージを受けていたときに、マウイの店のオーナーが、「国際線が飛んでいないから大変だろう」と、僕の商品にかなり力を入れて販売してくれた。オアフは国際線

が再就航していなかったが、マウイはアメリカ本土からの観光客で賑わっていたのだ。

　2023年8月マウイ島で山火事が発生。アメリカで起きた山火事では、この100年で最悪の被害であった。ラハイナの大方は焼け落ちた。

　僕を助けてくれたマウイのオーナーに、少し落ち着きを取り戻した頃、電話をした。このときは生存確認だけであった。彼はパイアとワイレア、ラハイナに店を持っていたが、ラハイナの店は全焼。計り知れない精神的ショックを受けたと容易に想像がつく。

　そこで、僕は何かできないかを考えた。幸いうちのストアでは、縫製も順調に仕上がってきていた。パンデミックのときは、縫製の進行が遅れに遅れていたが、ようやく通常になってきていた。翌日僕は彼にメールし、お世話になったので、100枚アロハシャツをお贈りするので、うまく使ってくださいと書いた。

　幸い、パイアとワイレアの店は、被害はゼロ。だから販売できる体制がある。これも、上からではないかという意見があるかもしれぬ。しかし僕が困っているときに本当に助けてくれた。真剣に、役に立ちたいと思った。ちょうどこの頃から、自分の店の売上が驚くほど上がっていった。

　正月に、このときのマウイのオーナーさんが、家族を連れてうちのワイキキの店に寄ってくれた。満面の笑みで。僕らは抱き合った。言葉はない。

　パンデミックも、火災のショックも、彼なら乗り切れるだろう。何か固い絆ができて、僕は嬉しかった。困ったときは、お互い様。困っているときに困っている人に連絡し、何かできないかを考える。そして、素晴らしい人間関係を形成していく。これは自分も相手も運気があがる。

第 3 章

営業のポイント

16. 情熱の伝え方

　僕は厄年の 42 歳に、ユナイテッド・アローズと伊勢丹メンズに半飛び込みで営業に行った。それまでの 6 年間は、どこに営業に行ってもほとんど断れていた。アロハシャツを売るには、日本は期間が短すぎるのが原因の 1 つ。しかしそんなことを言っている場合ではなく、ある程度のボリュームがないと、生活もままならない。

　そう書いたが半分は、のほほんとしていた。いつか売れる！　という、マツコ・デラックスさんもよくいうが "根拠のない自信" があった。それまでの辛抱と考えると、気が楽になった。

　さて話を戻そう。

　2007 年当時、「営業の基本は資料だ！」というアドバイスを何人からか言われた。しかし、そうは思わなかった。営業の基本は、今も変わらず「熱意」だと思っている。ユナイテッド・アローズ、伊勢丹メンズに行くくらいだから、皆ハイレベルの商品を携えているはず。自分もその中の 1 人。そのときの伊勢丹メンズは商品の説明をする面接に、30 人も待っていると聞いたことがあった。

　知り合いから「服のバイヤーさんの名前を聞いてあげるから後はやってみてよ」と、取っ掛かりをもらった。代表電話からメンズカジュアルのバイヤーに繋いでもらった。「僕はハワイのメーカーでハワイからやってきました。ぜひ少しだけお時間いただけないでしょうか？」と、当たって砕けろ、の気持ちで言った。結果、意外にも「では来週新宿にお越しください」とのこと。

　あらら。連絡がうまくつくまで時間を要するかと思ったが、少し気が抜けた。さてさて、行ってからが怖かった。バイヤーさんは僕の人となりを見抜くように、つま先から頭までギラギラと鋭い視線

で射抜かれている感じがした。

アロハシャツにチノパンツ。僕の勝負服だ。開口一番「何か軽い感じが、嫌だなー」と、ぶち込まれた。「えええええ？」一瞬ひるんだがハワイから来ているので、ここでおめおめと帰るわけにはいかない。資料も用意せず、サンプルのシャツだけ持参。あとは、アメリカに渡った経緯、アロハシャツ製造までの経緯。熱く語る時間をいただいた。どうしても、自分のつくり上げたものを伊勢丹メンズで取り扱って欲しい！　御社を通して、アロハシャツというアイテムを、ぜひ世の中に広めさせていただきたい！　この 2 点に話を集中した。

ちょうど仕入の時期が外れていたので、「また来てくれますか？」と言われた。半年後、ハワイから電話を入れると、「ぜひ来季やりましょう！」であった。ここで注意して欲しいのは、僕は資料も持参していない。営業は資料だという進言を、真っ向から否定した行動。それから 9 年、取引が続いた。バイヤーさんに「あのとき、どうして取り扱いしてくれたのですか？」と聞いた。答えは、「面白そうだから」。

2024 年で 16 年連続してコラボレーションが継続している「ユナイテッド・アローズ」。こちらも代表電話から、バイヤーさんに取り付けてもらい、資料もなくサンプルだけを持参した。このときは、少しやりづらかった。相手のバイヤーさんが 3 人であったからだ。3 人の目は、そうそう誤魔化すことはできない。誤魔化すつもりはないが、やはり 3 人均等にプレゼンテーションするのは難しい。

しかし、ここで前職と、前々職が役に立つ。ラスベガス時代また日本では、いやというほど面接をする側であった。アメリカではツアーコーディネーターとして長く勤務した。人見知りをしない性格

が出来上がっていたのだ。

2人は創業当初からいる海千山千の方。超ベテランの雰囲気がむんむんとした。もう1人は若く、未来への輝きを持っていた。僕は、特にこの若いバイヤーに理解してもらうようにもっていった。仕入の時期ではなかったが、数か月後、若いバイヤーから、「ぜひ来年やらせていただきたい」と、メールがあった。

このときいずれはこの若いバイヤーさんが、仕切るようになる気がした。それからバイヤーさんは何人か変わったが、今年も王道のコラボレーションが完成する。この厄年のときの熱意が高かったのだろう。

厄年は「躍年」。躍進の躍と思っている。営業の究極が、熱意と誠意、また折れない心である。

17. 売った、買っただけで終わらせない

物を売った、買っただけでは、何も面白くない。人付き合いが苦手な人には、厳しい話かもしれないが、仕事する、または付き合いが始まるときのポイントを明確に決めている。それは初対面の人と、何かが始めようとしているとき、「この人とコーヒーを飲めるか、一緒にランチに行って楽しいか」ということだ。一緒に食事に行けない人とは、いくらお金が絡んでいそうでも、お付き合いを始めることはない。

これは、もう何年も続いている。

昨今目先の利益だけを追う風潮が高くなり、それにより悪いことに手を染める人間も増えてきた。

昭和に戻り道徳、すなわち人に迷惑をかけない方法を、探ることも重要と考える。

　優先順位は、人としてお付き合いできるかをポイントにして、仕事を取り組む。

　本書の原稿を書いている間にも、夏のポップアップストア出店の依頼や、TV出演の相談など少し僕に球が飛び始めて来た。それがリモートでの初顔合わせであるが、またいい人ばかりなのである。もちろん日本帰国の際は、ランチに誘いたい雰囲気の方々である。

　自営業なのだから、好きな人とだけ仕事をすればいい。それは究極の選択かもしれないが、このお陰で限りなくストレスゼロの人生が送れるようになった。付き合いを始めて楽しいか、が鍵となる。

18.　営業の会話を楽しむ

　営業に嫌々行く人もいると思う。しかし、営業ならリモートワークでも対面でも相手とコミュニケーションを取る以外に成功はない。

　初対面のときには、とにかくインパクトを残す努力はしよう。特に何十人もの人と会う可能性がある人ならば絶対である。自分が精魂込めてつくり上げたものなら、製品でも音楽でも作品でも自分なりの主張ができるはずである。中途半端なものをつくったのであれば、それはすぐに見透かされる。

　相手はそういうものを嫌というほど見てきている。僕は少しでも隙があれば、ハワイの話を営業のときにする。アロハシャツが自分の売るものなので、それは自然の流れで問題ない。そこで先方が興味を示せば、こちらの勝ち。実はこの本のセールスポイントを話す機会があった。

　しかし、半分は本の話、半分はハワイの話。

　それは面白いとなった。それは卑怯と言われれば、仕方がない。

〔キツネ黒木理也氏〕

僕の武器なのだから。であるならば、みなさんも個人経営会社に雇われているに関係なく、自分の武器を磨くことは決してマイナスになることはない。

　会話はまず、相手ありである。そこを忘れてはいけない。自分のことだけ話しても仕方ないし、相手の話だけ聞いていても仕方がない。自分の専門分野を、面白可笑しく話す練習は必要である。

　仕事以外でも同じこと。相手の興味があることは、長く会話は続く。

　お陰様で、ハワイを嫌いな人はあまりいない。ハワイと東京の2拠点生活の話を膨らませ（嘘でではない）深いコミュニケーションを取る極意は、おぼろげながらわかってきた。

　会話を武器にするのも有効である。

第 4 章

日々の運の上げ方

19. パワーソングを手にいれる

　ここ数年、特に自分のなかで重要視している。カセットテープの時代とは違い、今は自分だけの音楽フォルダーを作成するのが容易となった。素晴らしい時代になった。そこで僕のやっていることを1つ。

　どんな時代でも、めちゃくちゃ流行していた好きな楽曲を選び抜き、パワーソングのフォルダーをつくる。それを時間があるときに四六時中聴く。なぜそうするかというと、今でもその時代でも流行するのには理由がある。

　タイミング、アーティストのパワー、時代、聴きやすい、覚えやすい。わかりやすくいえばエネルギーが絶頂なのだ。ドラムの音1つにもパワーを感じる。古い歌であれば、あの頃はこんな時代だったとか、この頃はこんなことを考えていたとか、いい意味で、昔と今を行ったり来たりできる。

　音楽は今の「時」だけではなく、数時間経過すれば過去になる。過去は思い出となる。

　そのとき、空の行き来をすることで、脳を活性化し、人生を豊かにするもの。それが「音楽」であると僕は思う。しかし一番は好きな音楽を聴いているときの心地よさである。

　自分だけのパワーソングフォルダーを作成する。誰にでも簡単にできる。ランニングしているときも、車で通勤しているときも、これを書いているときも、自分の大好きなパワーソングを聴いている。日々の暮らしに自然とパワーソングが入っていけば更にいい。今日も渡辺美里、さあ行くぞー。

　これは間違いなく、運気が上がる。

20.　就寝前に本を

　ここ 10 年、ほぼ行っているルーティン。ジャンルは何でもいい。

　就寝 30 分前に本を読む。これで、自分の心をコントロールしている。すぐに眠くなるので、携帯をずっと見ているより、睡眠的にもはるかに有効だ。小説でも、自己啓発本でも自分の視点で読み、考え、推測し、自分に当てはめる。

　何か本屋さんに行くと気分が落ち着くことはないだろうか？　僕は新しい紙の匂いを嗅ぐと幸せな気分になる。すなわち運気が上がるプロセス。

　脳と筋肉は、使わないといけないというのが僕の持論。本を読む時間があること自体、日々の生活で自分をコントロールできる時間が、つくれているということだ。本を読む時間もつくれない方は、何かを変えないといけない。残業続きで深夜に帰宅。本を読んで、寝るわけがない。疲れ切っているであろう。

　僕は、仕事が山になっている時期があった。このときは、本を読む時間はなかった。

　そこで気がつき、仕事で手伝ってくれていた人に色々なことをシンプルにしてもらうことにした。削って削って削って、自分しかできないことに注力することで、仕事量が 10 分の 1 に減った。その頃からである。

　本をしっかりと読む時間が取れてきたのは。本を読むと、運気が自然と上がっていった。上がってばかりいたというのは語弊があるかもしれない。運気が下がらなくなってきたというほうが正解か。生活のなかに余裕をつくり、就寝前に本を読む。この生活ができていることが大きい。

21.　スマホは極力避ける

　スマホを避けるなんていうと、電話会社から苦情が来るかもしれない。しかし、スマホの普及によって、電車でも外でも携帯を見て、うつむいている人ばかりに、日本だけではなく世界がそうなった。僕は極力スマホを見ない。うつむくからである。うつむいて生活をしていることが運気を下げる。スマホを避けると睡眠時間も長くなり、色々ないい効果が得られる。

　先日、ハワイカイが 18 時間停電した。パソコンもスマホも使えない。LINE も打てない。そういう状況に陥ると精神が落ち着かなくなる。いかに普段スマホに依存しているのが、わかるというものだ。そんなに依存しているなら少し解いてみよう。僕の推しは、寝る前のスマホを避けるである。

　では、スマホを全否定しているかといえば、そんなことはない。こんなに便利なものないと時代に感謝している。調べ物、例えば、5 年くらい探し続けた音楽など数分でみつけられる。こんな素晴らしいものはない。トラブルで待ち合わせに遅れるときでも、スマホで事態を正確に伝えることができる。1980 年代なら、デートのときに連絡を取ることができず、何時間も待たせて、恋が終わることもあったはずである。

　全否定ではなく、ずっとうつむき生活をしていることが、よくない。日本にいる甥っ子がハワイに来たとき、彼にはスマホがブームだったのであろう。ハワイの景色も食事よりも、スマホが重要で、話しかけてもリアクションがないくらいであった。

　自然と触れ合うこともないし、感動に出くわすこともない。彼にとってスマホのなかの世界が、もしかすると「感動の絶頂」なのか

もしれない。僕はそれで運気が上がるとは到底思えない。

　未来に対して工夫をたくさんして生きていく動物は人間だけである。HEADS UP。上を向こう！　空を見よう！　景色を見よう！生きていて面白いことをリアル体験しよう。画面ではなく。だから僕は提言する。スマホはほどほどに。

22.　オンオフがないのが理想

　運気をうまく使うときに考える。自分はオンとオフがないなと。

　これについてはサラリーマン時代も近い感じであった。上司がいたときは、もちろん縦横無尽にとはいかない。

　しかし、ラスベガスで支店長をしている頃、気をつけていることがあった。従業員に、機嫌を読まれないようにすることだ。ラスベガスは眠らない街、文字どおり、24 時間同じ気分にしようと思った。この頃から何時間働いても、職場と家、フラットな気持ちでいけるようになった。

　企業で部下が大勢いるような環境であれば、「今日、上司の機嫌が悪いな」などと思わせない努力が必要だと思う。上司の機嫌で、職場の雰囲気が悪くなるのは、言語道断。オーナー企業でも同じ。

　僕は支店長になって、NO 2 の部下より、一番最後に入ってきたスタッフと、交流するようにした。コーヒーを一緒に飲むのが仕事。入ってきたばかりのスタッフの気持ちが理解できれば、支店全体の雰囲気を掴むことができる。

　僕は高校生のときから好きなアロハシャツの仕事をしている。高校生のときから一番好きなハワイで。オンオフ、ここ 10 年以上考えたこともない。

　オンとオフの呪縛が消えたときに、真の自由を迎えることができ

る。それは、高い運気を維持する第一歩となる。

23.　いいところをすぐ言えるように訓練する

　SNS で「いいね」をしている場合じゃない。人間褒められて、悪い気はしない。SNS でもそうなのか？　SNS が人生で一番大事な人もいると思う。それは否定しない。趣味は個々で違う。しかし、年長者は、直接、褒める技術を学んで欲しい。何も考えずにふと出た言葉が素敵な人なんて、感性が高くなければできる芸当でない。技術とまで、大袈裟なものでなくてもいい。いいところを拾ってあげよう。

　小学校のとき、変人と呼ばれていた図画工作の先生がいた。芸大を出たとか出ていないとか。風貌も言動も全く何を考えているか不明で変人。今なら、アーティスト系とでもいえそうな雰囲気の人だった。

　そんな先生が放課後、何人かでいると、僕に向かって「あなたの鼻筋はいいねー」と、しみじみといった。小学校 3 年、4 年だとあまり褒められた経験がなかったので、すごく嬉しかった。

　あとはサラリーマン時代、新入社員だったとき、エレベーターで乗り合わせた上司に、「いい面構え、してるな」と、言われた。突然でビックリしたが嬉しかった。

　僕の仕事ぶりを見て、「いいよ君は」と言ってくれた上司がいた。人生どこかで違った方向に行きそうになったときに、いいほうに連れて行ってくれる人がいる。「そんな人おらん」と、言うなかれ。どこかのタイミングで、既に巡り合っているのに、見逃した可能性もある。

　しかし、きっとまた現れる。リアルの世界で「いいね」と言って

くれる人が。僕はこの「いいね」は、魔法の言葉だと思っている。

　年長者になったら、年下の人のいいところは、素直にいいねって言って上げられる大人になって欲しい。みんながそう思えば、もっと楽しくなるはず。ウキウキしながら、毎日生きられるように。言った人の運気も言われた人の運気も上がる。

24.　小さな頃から運がいい

　ある意味、人間はいい暗示が必要かもしれない。物心がついた小学校1年生のときには、母親に「あなたはツイている。運がいい」と、言われ続けていた。だから、自分は運がいいと勝手に思い込んでいた。

　それが母の戦略だったのかは今となってはわからない。事ある人生の転機に、「やっぱり運がいい」と、成人してからも母は言ってくれていた。

　そんな母に育てられた兄弟は、みんな運がいいと思っている。

　息子にも、何かラッキーなことがあれば、「運がいいね」と常日頃言っている。自分は今考察してみると運がいい、悪いの線を、どこで引いたかわからない。

　また運がいいと思っている人は、いいことが悪いことより上回っており、運が悪いと感じにくいのではないかと思う。70％いいことが起こり、30％悪いことが起きても、70％のいいことのみ記憶され、30％の大したことないことは消去している。そんなイメージだ。

　母は50年以上前から占いを見てもらっていた。幼少期から青年、中年、ずっと運がいいと思ってきたことは、最高のモチベーションと自信に繋がっていた。あなたもお子さんに、「ツイてるね！」と、

何かあれば、褒めて欲しい。

　きっと、ぱっと何かひらめき運気も上がる。

25.　ミラクルがミラクルではなくなる

　昔から自分は、ひらめきや勘が鋭いと感じることがあった。これは暗示に近いもので、漠然と「この人と会いたい」と考えていると、目の前に現れるときが多々あった。僕には、特殊能力も予知能力もない。そんな能力がなくても自己暗示にかけ、映像化すると現実化していくことが多い。

　夫婦で何気ない会話をする。最近あまり名前を聞かない芸能人の話をする。すると5分後くらいに、その人物がニュースに現れる。あの人に最近連絡していないなと思案すると、突然「来週ハワイに行きます」と連絡がくる。家人と、「またシンクロしたね」と笑う。

　この現象は、2023年後半から2024年に至るまで、特に強くなっている。思考してから現実になるタイミングが異常に早い。これは自分のなかでは、よい現象と位置づけている。僕のビジネスにおける成功アクションの第一歩は、スピードだと考えているからだ。

　書くのが苦手な人は、とにかく考えてそれを映像化する。書くのが得意な人は書けばいい。大きなことでなくても、「電車は遅れそうだから早く行こう」なんてことでもいい。それが目の前で起これば、「これだ！」という感覚が掴めるかもしれない。

　今僕のなかで、何か時空を超えているという感覚が多い。もちろんミラクルばかり狙っているわけではないが、いい方向、いい方向へと、物事が進むようになってきた。普段から綺麗な自然に触れ五感を磨いてみる。

　小さいことから始めてみよう！　自己暗示。それが雪崩のように

起こったときに、ミラクルがミラクルではなくなり、運が上がった
と、実感できるはずである。

26.　体はつくる

　体は自分でつくる。もちろんお相撲さんやスポーツ選手など、体
を大きくしたい人もいる。

　しかし、学生時代に運動部に所属して肉体を鍛え上げたとしても
社会人となり食べるのが好きで運動をしないと、たちまちベスト体
重からかけ離れる。

　僕は高校で陸上部に所属していたときは 173 センチ 65 キロで
あった。それが 22 歳には 83 キロ。生活習慣が悪いといたるとこ
ろが、たるみ、はたから見ても緩みまくっていたはず。

　それがハワイに来て、自然に触れた頃から、意識は変化した。

　35 歳、健康を維持するということはベストな体重を意味する。

　好きなものを食べても体を動かす。これをしてから運気が上がっ
てきた。それはパンデミックを間に挟み、多少の変動もあったが、
今は高校時代の体重の 2 キロオーバーに留まっている。還暦の今
年中には、完全に元に戻したい。意欲が必要なのだ。

　体をつくると頭が冴える。頭が冴えると仕事もプライベートもい
い方向に転がっていく。体は自分でつくる。運を上げる大切なツー
ルです。

27.　必要ないものは手放す

　違和感のあるものは手放す。好きで買ったものを手放したときの
話。

サンフランシスコにいるとき、高級時計店で、ロレックスのコンビのボーイズサイズを購入した。1990年代に爆発的に流行したバブルを象徴するような時計。歴史と輝きに負け、3年ローンで購入した。これが1994年の話。

　それから勿体なさもあり、ずっと押入れにしまっていた時計が、あるとき、自分のライフスタイルとは全然合っていないと気がついた。

　東京に帰ったとき、中古専門店で査定してもらった。古すぎで、オーバーホールをしなくていけないので、8万円くらいと。どこの店も同じような反応であった。

　50万円もした時計が、8万円というのも、何か納得行かなかったが、ヴィンテージアロハシャツを含め、時計もIWC（インターナショナル・ウォッチ・カンパニー）の古いものが好きになっていた僕は、キラキラ輝く時計を身につける気になれなかった。

　そこで日本の個人間オークションに出品すると、13万円の値がついた。

　それから5年後、熱狂的なロレックスブームがやってきて、僕の時計を買った人は、さぞかし運がよかっただろう。その人もよかったし、自分のライフスタイルに全く合わなかったモノを処分できて僕もよかった。必要ないものには執着しない。

　自分の個性、肌に合わない必要のないものは手放す。心地よいものを身にまとい、心地よいものを近くに置く。これは重要である。

　それを手放した直後から、かなり運気は上がったからだ。

28.　ゴミ拾いが運を上げる？

　MLBのロサンゼルス・ドジャースに所属している大谷翔平選手。

「ゴミ拾いが運を上げる」という発言を何かの記事で読んだことがある。

　本書の大きなテーマが「運」であるから、余計に興味を持った。調べてみると、高校生のときに書いたものだという。素晴らしい。僕も小学校の頃から運やツキをいつも考えていたので、興味深い。

　ゴミは、人が落とした運。さすがである。僕も今回本書で、事あるごとに書いてきた、人に優しく、人のためになろうという発想に近い。

　僕も最近その記事を読む前に、店の前のゴミはもちろん、少し店から離れていても見栄えが悪いものは、拾う癖がついた。また店では、「スーパーマーケットはどこか？」とよく聞かれる。

　これも快く教えてあげる。親切にして恨まれることはない。ゴミも資源になる世の中。

　「俺が、俺が」「自分が、自分が」のエゴが少なくなったときから、運は大きく上がっていく。だから、ほんの小さな運を拾い集めていくのが大事。それが大きなマグマとなり、噴出する。

29.　鶴瓶師匠の徳

　笑福亭鶴瓶師匠にお会いしたことはない。ハワイ好きな方でニアミスはあった。共通の知り合いがいたからだ。師匠をテレビで見ていると、僕はいつも笑う。福があるからだ。

　やはり笑い、人の才能を見抜く力、褒める技術。素晴らしい。その師匠が、「自分の好きな女優さんと共演できるのは、自分がわずかに徳を積んだからだ」と、言ったそう。

　僕は、テレビ離れが進むなか、電波に乗ってくる人には、徳を出してもらいたいと、いつも願っている。

不思議なことに俳優でも芸人でもテレビ、映画に出てきただけで笑える人、福がある人がいる。逆にいうと徳を積んでいるから第一線で活躍しているとも言える。

　公共の電波の垂れ流しでは、若い人が離れていくのも当然と思う。まして国会中継なんか見ても、徳のある人なんて、いやしない。少なくとも人前に、特に映像で出てくる人には、徳を積んでもらいたい。そうすれば世の中よくなりますぜ。

　徳という言葉が、昔からある意味を考え常に意識してみよう。少し違う景色が見える。

30.　インテリ

　高校の陸上部時代の1つ下の後輩に、30年ぶりに会ったとき、彼女にどんな先輩だったかと聞いた。彼女は、つぶさに観察していたはずである。そのときはハワイで自分のビジネスをスタートしており、気になった。

　答えは、「先輩はインテリでした」と。ほう、僕は唸った。高校時代は、『今日から俺は』や『不適切にもほどがある』を地で行く時代。不良と呼ばれる高校生が、星の数ほどいた。そんな時代に、インテリ。そういわれると、うがった考えで、かなり嫌な奴ではないかと思ってしまった。

　今現在のアロハシャツを生産しているシニカルな30代の姿が、インテリぽく見えたのではというと、そうではないという。

　当時の印象だと、きっぱりいうのだ。僕の頭は混乱する。それより後輩をいじめていなかったか、そっちのほうが心配であった。聞くと全くそんなことはなく、僕1人だけ群れていなかったと。なるほど。それでいくつか思い出した。

　みんなが上下関係や部活に明け暮れているときに、バイクで江の島に行きたいな。「海風に吹かれたら、気持ちいいだろうなー」と、そんなことばかり考えている高校生であった。

　「全員右向け右！」という学校生活で、海風は気持ちいいと考えているのは、ある面インテリだったかもしれぬ。それは還暦を迎える今も、全く変わらない。

　ハワイの海風は気持ちいいと。人と必ずしも同じでなくともいい。同じにして、運気が下がるなら尚更。自分をしっかり形成していこう。

31. チャンスの神様は
前髪で掴んではいけない

　「チャンスの神様は前髪しかない」といわれるが、そのチャンスは相性が悪くなく、とんでもないものがあるかもしれない。

　しかし、石橋を叩いて渡ると大幅に物事が停滞するかもしれないので、その前髪の辺りで、いいか悪いかの判断を正確にできるように準備する。僕も今までよかれと思ってやったことが、箸にも棒にもかからないときも、往々にしてあった。

　しかし、ここは人生の岐路という場面では、慎重になっていいと思う。前髪でうまく噛み合わずスルーしたら残るのは、後ろ髪。最終列車と同で、前髪を掴めなければ後ろ髪を掴めばいい。

　これだ！　という信念があれば、そのときに正確な判断ができるはず。そのときに備え、充実した日々を送るようにしよう。ただだだ待っているだけでは、前髪も後ろ髪も掴めない。

　まず自分が動くこと。これが第一歩である。

32. チャンスの最終列車に乗ると
　　華やかな始発が待っている

　人生を振り返るといつもギリギリ。それはどういうことか？　何も持たずアメリカに旅立ったとき。これが1年遅かったら労働ビザが取れなかった。僕がもし大学へ行き、遊んでいたら今はない。日本で退職したときに、株を自動的に手放した。このときは高値。買うとき、僕の入社した翌年の入社組は、株の購入ができなかった。

　ハワイの店も、近くにたまたま空き物件があった。向こう三軒両隣の相場よりも、かなり安いものであった。

　48歳で結婚。49歳で息子の誕生。自分の人生を端的に説明してと言われたら、最終列車に乗り遅れない人生と答える。本当にいつもギリギリのところで滑り込んできた。これが偶然か必然かは、僕にはわからない。負けを知らない最強ギャンブラーのように、勝ち続けてきたのか？　いやそんなことはない。多くの方が体験する就職もした。寝る暇もないときもあった。

　しかし、年々、よいほうへ、よいほうへとシフトしてきた感じがする。であるとすると、どういうアクションを起こしてきたのか。

　とにかく備える。今できることを怠らない。準備を万全にする。そして、毎日昨日よりよくしよう、昨日より楽しくしよう。そういうステップアップを常に考えていた。「あいつカッコ悪いね」といわれたくなかった。そんな心持ちで、最終列車を常に追いかけていた。最終列車に乗ると、素晴らしく華やかな毎日がそこにあった。

　最終列車を意識してみよう。それは、人生の岐路に必ずあるはずだ。乗って運気を上げていこう。

33.　家を買う

　これは賛成、反対が、拮抗する話題である。家の購入は、独身時代には考えも及ばなかった。しかし、僕は家を買った。自慢話がしたいわけではない。運が上がったか、下がったかの話。ワイキキのコンドミニアムに住んでいたが、息子の学校のこともあり、1年半かけ徹底的に探した。その前にローンを組めるか、54歳である。

　驚くべきことに54歳で30年ローンを組むことができた。ローンが組めないと、にっちもさっちもいかない。まずは準備。準備を整え物件探し。小学校へのアクセスのよさなど色々と調査した。なにせ高い。見て回ると、帯に短し襷（たすき）に長し、なかなかピンとくる物件に巡りあえない。2018年6月、内見に行く。ピンときた。「ここにオファーを入れてください」とその場でお願いした。翌日に「オファーを了承した。1つ直すところがあるので、その分、割引くよ」と。嬉しかった。自分の描いていた金額より遥かに低いものであった。

　それからは驚きの連続であった。僕ら家族が3年ぶりに行ったカイオナビーチが、ハワイの海で一番好きになった。直線で行ける道路はないが、もしあれば、その一番好きなビーチまで5分の距離。ドローンなら5分で行ける距離であった。

　引っ越して、周りの家に挨拶に行ったとき、ご近所さんがある写真をくれた。家の周辺が開発されたときの写真。中古の家を購入したわけだが、ここは山あいの場所の開発第1号の家であった。

　写真から、舗装している様子がうかがえる。最初に建設されたから、景色がどう見えるかなど、かなり研究されていた。そしてこの家は、1軒目と同時に、モデルハウスでもあったらしい。偶然の偶然が、重なりここまできた。

1991年夏マウンテンバイクを買い、景品としてハワイ旅行が当たった。しかしマウンテンバイクを買ってハワイ旅行は運がよすぎ。レンタカーでハワイカイの端から端まで見渡せるシーニックポイントで、写真を撮った。このとき「ハワイカイいいな〜」と思った。

　それが2018年に叶った。内見してから間もなく、6年。この6年、自分の運気は上がり続けた。ランニングしていると、前から歩いて来る人、走って来る人、全員が挨拶する土地。運気が下がる要素がない。高級住宅街や高級別荘ではなく、みなが普通に暮らしている場所。

　あなたも、好きになって気に入った住みたいと思う土地を徹底的に調べ、自分の何とかなる範囲で、家なりマンションを購入して欲しい。それが日々の楽しさに繋がるなら、検討の余地があると思う。

　あなたの住んでいるところは、地場がいいですか？　運気は上がりましたか？　そこを見極めてみよう。

〔古きよきハワイ〕

第 5 章

結婚は前向きに！
お金とは向き合う！

34. 家族っていいものだよ

　最近は結婚しない若者が多いと聞く。若者どころか中年もしない。かくいう僕も結婚は48歳。結婚はとにかくタイミング。僕がもし20代で結婚していたら間違いなく短く終わっていただろう。

　男にも女にも、今の時代、仕事がついて回る。仕事もしないで悠々と暮らしている人は、資産家の家に生まれたか、一攫千金を当てた人である。普通は務めて収入を得るか、自営で収入を得るかである。特に20代、30代では、頑張り時というのが、必ずある。そういうときは、金銭的にも時間的にも、余裕がない。余裕がないと、うまくいくはずだった結婚生活もうまくいかないのだ。そのうち、どちらか片方であれば救いがあるが、大概両方ないとくる。そうすると、すれ違いや考え方の相違が出てギスギスしだす。最後は「こんなはずではなかった」、「こんな結婚生活を望んではいなかった」と離婚の道を選択する。

　僕は、日々徳を積む生き方（ゴミを拾うなど小さなことでいい）をしている方は、よい結婚相手が見つかるとか、自分の死に場所は選べると信じて疑わない。

　僕は、結婚とは色々なものを失うものなのだと、誤認識していた。しかし、結婚した後でも、息子が生まれてからも、結婚する前と自分の気持ちは、なんら変わらない。結婚から11年半、息子が生まれてから10年である。そんなわけないと思う人もたくさんいると思う。しかし、それが真実。結婚したことを後悔したこともないし、息子が生まれて後悔したこともない。僕みたいに結婚して、プラスだけと感じる人間もいる。

　あなたにもそう感じてもらいたい。家族っていいものだよ。

35.　必ず最良な人がみつかる

　できるという思い込みは大事。結婚感もそうである。自分には必ず、最良の伴侶が待っていると。ではそのために、どうするかが鍵となる。男性でも女性でも、清潔感にいつも気を配る。突然気になる相手が見つかったときにやろうとしても、付け焼き刃になりボロが出る。僕のまわりの年配の人が、若いお嫁さんが欲しいと語る。見てみると清潔感はないし、体系も崩れている。これで、どうしたら若いお嫁さんをもらえるのか。

　もちろん逆もある。清潔感のない女性が、素敵な男性を見つけたいと熱心に語る。家人と知り合ったのは、僕が47歳、家人が34歳のとき。普通に考えると、あまりない取り合わせ。体力的にも精神的にも開きがある。しかし結婚した。ちゃんと説明と宣言をしたうえで。

　僕ら夫婦は、今でもお互いを尊重したいので、知り合って12年半の今でも、敬語で会話をしている。

　でも。最良の人を見つけることも、その人とずっとうまくやるのにも、工夫をしている。夫婦の形はいろいろある。だから、何が成功で何が失敗というものはないが、何年経過してもリスペクトがあれば大概のことは乗り切れる。

　できるという思い込みとリスペクトを、頭の片隅に入れておいてください。

36.　パターンを変える恋愛を

　某テレビで「いつもダメンズに当たってしまう」と若い女性が言っ

ていた。これは、本当に多いパターン。

　僕の分析によると、ダメンズに引き寄せられているのだ。駄目には駄目な理由がある。それを見抜けなければ、幸せな結婚には繋がらない。いつもいつもダメンズは、パターンを変えないからである。馬鹿の1つ覚えともいえる。

　僕も、そんななかの、1人であった。自分では47年間、学級委員長をやるような、また運動部のキャプテンのような、華麗な女性が合っているとずっと思い込んでいた。

　アメリカでツアーコーディネーターをしていた頃、9時間のツアーをすると、お客様と打ち解けるときもある。3人のCAさんのプライベートツアーをしたときのこと。

　3人3様で、綺麗なのは言うまでもない。僕が惹かれるのは、リーダーシップを取っている活発な人であった。何か月後かに、お礼の手紙が届いた。てっきりリーダー格の方からだと思っていた。しかし、1番会話が少ない、目立たない方からであった。

　そのときは、がっかりした記憶がある。しかし、よく考えてみると、いつも同じパターンだとふと気がついた。

　家人は口数が極端に少なく、我先にと行動するタイプではない。知人と夕食に行ったときが最初であったが、インパクトが少ない女性であった。ちょっと前の自分なら、確実にスルーしていた。

　ちょっと待てよ。これで数々の恋愛に、終止符を打ってきたのではないか。数日空けてドライブに誘ってみた。見た目は地味だが、性格はよさそうと感じた。あと印象は……もっと磨けば光るのに（笑）。

　そこから1年少しで、結婚した。馬も合ったのだろう。

　駄目なパターンを崩してみる。

　あなたも絶対やってみて欲しい。

37.　失うという観念を捨てる

　結婚して、何かを失うというのは、妄想である。そう思っていない人も星の数ほどいる。この観念を持つ間は、幸せな結婚は難しいだろう。

　結婚に限らず、ここで大きなチャンスに巡り合ったから、後は運気が下がるだろうとか、何か失うかもしれないとか、弱気になる人が多い。

　断言する！　そんなことは、これっぽっちもない。

　著名人は、いいときと悪いときの帳尻は合ってくるとよくいう。

　そんな帳尻はどこから来るのか？　それは単純に、思い込みである。そういう気がするだけなのだ。

　後輩は、僕がきままな独身生活を送っていたので、一生独身を通すと思っていたらしい。「好きなハワイに住み、好きな家業を手に入れて、そのうえ幸せな結婚をしたら許しませんよ」と、冗談まじりにいっていた。

　僕は家人を見つけ、かわいい息子もいる。

　結婚しても、息子が生まれても、それと引き換えに失ったものなど何もない。

　独り暮らしが30年だったので、今でも所帯を持っている使命感みたいなものはない。それはいつも家人が笑う。養っているという感覚もない。それも笑う。

　でも、元はといえば家人も他人。そんなソフトな、生活でもよくないだろうか。

　何かを得たら、何かを失うという感覚は捨てさろう。運気は継続できるのである。

38. 結婚時にルールをつくる

　結婚前に家人にはっきり宣言したことがある。「今は好きでも、少しでも嫌と思うことがあれば、一切我慢せず日本の実家に帰りなさい」と。これは好きだった人でも、匂いが嫌とか、行動が嫌だとか、後に必ず出てくる。そしてそれを我慢できなければ離婚。でも僕はそれでいいと思う。嫌々やっていいことなど1つもない。宣言をしたかったというより、お互いよくするためにルールをつくりたかった。

　息子をつくる前に、これまた宣言したことがある。「僕は基本的に子どもの面倒をみないが、それでも大丈夫か」と。家人の答えは「はい、大丈夫です」。ドン引きしている人もいるかな。

　しかし、この2つの宣言により、ある意味明確にビジョンをイメージしてもらえた。もちろん息子が生まれてから、いい加減に扱ったことはない。どちらかといえば子煩悩だと思う。そうすると、「あれ、この人面倒見てくれている」と、宣言とは違う一面を見る。結婚生活も、子育ても、基本はこうだよと伝えることで、そのことをうやむやのまま結婚した人と大きな差が出る。

　お互いに理想だけで結婚してしまったために、相手はこれもやってくれない、新婚のときと違う、子どもの面倒をみてくれないと、クレームが噴出するのである。

　だったら「僕はこうだ」、「わたしはこうだ」と、結婚前に取り決めをしたほうがうまくいく。元は他人。リスペクトなしで幸せになれないし、運気も結婚してから上がらなくなる。どうすればうまくいくか?

　それは結婚前に確認しておくことである。

39.　子どもは自分の食い扶持を背負ってくる

　九星占星術と易を学んでいた時期がある。「子どもは自分の食い扶持を背負ってくる」。これは、東京成城の易の師匠の教えである。

　30年以上1人暮らしをしていた男には、まったくピンと来ない表現であった。結婚さえ、イメージできなかったが、結婚して子どもができると、易の師匠はいった。意味不明であったが、生まれて数週間後に、大きな仕事が舞い込んできた。

　息子が生まれて、もうすぐ10年。パンデミックがあったが、毎年増益増収であった。それくらい結婚して、子どもが生まれるというのは大きなこと。若い人はどう思うかわからないが、人類が生まれたときからの定めである。日本は急激な少子化。もちろん経済面など大変なことはあると思う。しかし、子どもがいなくなるのは、明るい未来がないのと同じ。

　今、子どもつくろうか迷っている人も大勢いるであろう。せっかく伴侶を得たのであれば、2人で今後を見据え、どうするべきか、話し合って欲しい。本当に心から願えば、子どもは自分の食い扶持を背負ってくる。先人の重い言葉である。

　僕は子どもが生まれてから、運気は爆上がりになった。

40.　好きになる

　僕は20代、30代、もしかすると40代も、宵越しの金は持たない派であった。資産家でもないのに、あったら自分の物だけなく、暇さえあれば、後輩や従業員を食事に連れて行く。今でも何十年ぶりに会う後輩からは、「昔、ご馳走になったイメージしかない」と

いわれる。僕には奢ったという記憶はゼロに近い。自分の食べたいものに付き合わせていたのだろう。ちょっと実入りがあると、きっちり使う。そんな独身生活を送っていた。

48歳で結婚したとき、おそらく貯金は100万円くらい。いい大人が海外で暮らしてその金額である。ちゃんとお金と向き合うようになったきっかけは、やはり結婚したことと、店を構えたからだ。

それまでは、楽しく生きられればいいだけの人生だった。明確に変化したのは、もちろん結婚して家人を養っていかなければならない。そしてお客様が1人も来店されない日を経験してからである。売上がよかった月の、翌月の1日。お客様が1人も来ないことが、今でもある。お客様来店の有り難みと、お金の有り難みを思い知ったのである。遅すぎた感は確かにあったが止まるわけにはいかない。

それからは、お金を大切に扱うようになった。またハワイ、ワイキキという場所柄、現金でお支払いいただくとき、切れそうなくらいの新札の匂いを嗅ぐと、非常に気分はよくなる。

しかし、基本的に人に物を売った、買った、だけの商いをしたくないというのが、持論。購入していただくなら、お客様、店側、それをつくってくれるのに携わった人も、ハッピーになれなければ駄目だという意識が強い。

まずお金としっかり向き合うこと。僕は全く向き合っていなかった。そして自営の人は、お金をいただくことは、物を売った、サービスを売った対価であることを、忘れてはならない。

地に足をつけた商いをしていれば、稼ぐ額は大きくなって当たり前。だから罪悪感など、これっぽっちも、持ってはいけない。

大切なことは、自分に関わる人たちに、どうやって分けていくか、そこをしっかりと考える。

これが1番大事なことである。

41.　財布好き

　財布は20代の頃から好きだった。しかし、お金は全然入っていなかった。向き合っていなかったのと、心の底から大事に扱っていなかった。これはかなり反省している。いい財布を持っていても、お札はばらばらでくちゃくちゃで、レシートで膨らんでいた。

　48歳のとき、「高額の長財布を購入すると、その何十倍になり返ってくる」と、何かで読んだ。この頃から、人の意見をとりあえず聞くようにし、いいことは取り入れてやってみようという時期であった。取引先の百貨店で、人生で一番高額な長財布を購入した。これが形、色、ツヤ、重さ、自分の琴線に触れる逸品であった。購入後は、お札を同じ向きに揃えシワを伸ばし、レシートは一緒に入れないようにした。

　財布を購入してから、他の物を買うときに、じっくり時間をかけるようになった。自分の買い物のなかでも最高峰の一品であった。お金を大事にするようになったばかりか、物に対する価値観が変化した。

　あなたは嘘だと思うかもしれませんが、たったこれだけで収入が格段に上がっていった。自分が好きになれる財布を購入する。まずここから運気を上げてみよう。

42.　お金を大切に扱うと

　お金は、大切に扱うと喜ぶ。これは嘘のような本当の話。普段の心がけで確実に変化する。資本主義の世の中、基本的にはお金がなければ、楽しむことも面白いこともできない。だから、まず大切に

扱う。知り合った恋人を大切にするように。また支払うときに、「また戻っておいで」というイメージもいいと思う。会社にお勤めの方も、自営の方も、基本スタンスは同じ。どうでもいい物や、大したことのない物を購入すると、運気は下がる。だから支払いのときに、十分注意しよう。

　自分の感覚で、運気がいいなと漠然と感じたときに、好きな物を買ってみよう。大切なお金を有効的に使う。それが有効で必要なものであれば、返ってくるケースも多い。

　僕はどうしても欲しいものを、金額の高低問わず、意を決して購入する。早ければ翌日から、売上が上がったり、臨時収入があったりする。これは重要で自分の気分を上げてくれる大切な物なのだと実感できる。お金にも購入した物にも愛着が湧く。

　借金せず、自分のできる範囲で欲しいものを購入する。貯めるだけでは運気は持続しない。

43.　仲間が好き

　これはまた不思議な話。僕はそれほど余裕がないときでも大好きなヴィンテージアロハシャツを収集していた。最初の頃は、集めたいと思っていても中々集まらない状態が続いた。コレクションが10着くらいになった頃、あれだけ集まらなかったヴィンテージアロハシャツが、あらゆる方面から突然集まりはじめた。このとき実感した。1枚、2枚のとき、クローゼットに入れてあるヴィンテージアロハシャツは、淋しいのだと。集まってくると、どんどん仲間を呼び寄せてくれる現象になった。そして、自分がお金と向き合うと覚悟した48歳から、急に意識も財布の中身も変化した。

　僕は新しい財布を使い始める前に、円でもドルでも日本円にして

〔ヴィンテージアロハシャツ〕

　50万円くらいの新札を入れ、一定期間寝かせておく。財布に仲間を覚えさせるのだ。そこから使い始めると、運気がいいときは収入が上がり、運気が悪いときでも支出が減る現象が起きた。やはり、仲間が少ししかいないと淋しいのだ。キャッシュレスの世の中でも、僕はなるべくお札を多く入れるようにしている。今の若い人は、財布自体持ち歩かないかもしれないが。

　それでもお金は仲間が好き。だから口座にあるときも、スカスカにならないように気を配ってみよう。

44.　ある袖は振る

　ケチケチ人生も人それぞれであるから、あえて否定はしない。し

かし、自分に関わってくれている人には、せめてご飯でもご馳走しようというのが僕の考え方。だって楽しくて、美味しい食事をいただけるなら、するほうも、されるほうも嬉しい。少なくとも、僕なら嬉しい。今の時代は、どうもそういう風潮はなくなってきていると聞く。この話題は、見ず知らずの人へのことではない。ごく親しい人への、感謝の気持ちである。

18年前、僕はお金がなく、年下の人へ振る舞えなかった。後で聞いた話だが、その人は、「年上に、ハワイでご馳走してしまいましたよ」といっていたそうだ。僕は、これほど恥ずかしい思いをしたことがなかった。そのときから、少なくとも自分より年下とそういう機会があったら、絶対に袖を振ろうと。そしてお金に左右されない、人生を歩もうと。だから少なくとも、10年以上は不快な思いはさせていないはず。

たまに忙しさにかまけて、淡々と時を過ごしていると、家人がふと「店のスタッフの食事会やらなくてもいいんですか？」と呟く。僕は慌てて、みんなの都合を聞き、食事会をセットアップする。また日本での取引先や、こちらでの取引先の人とも、バンバン食事に行く。僕が食事に行くのは、好きな人だから。ただ仕事だけの関係では、食事まではいかない。やはり楽しい時間を共有したいという思いがあるから。

ちなみに、まめに食事会をセッティングしていると、おのずと収入が上がってくる。これは実に、不思議な現象。説明はつかないくらい面白い流れになる。

ない袖はもちろん振らなくていい。時には貯蓄も必要となるが、ある袖は振る。金払いのいい人生を目指すということである。

もう1つは、分け合う思想を訓練する。これで、かなりの運気は引き寄せられるはず。

第6章

人生を
楽しんでみる

45.　人の断捨離を決行

　人生のターニングポイントで必要となる。人間社会において人の付き合いをゼロにするには、山奥に1人暮らしで自給自足するしかない。物理的にも現実的にも無理がある。

　僕は30代のとき、いつも考えていた。どうでもいい付き合いを何とかできないかと。断捨離はモノに対して表現されるが、人間関係にも必要だと思う。されたほうはたまったものではないかもしれないが、理由がある。長いこと付き合っているが、どうも間が悪い、会っているとイライラする、いわなくていいことを相手に伝えてしまう、などなど。

　少し冷静に観察してみよう。その人と一緒の時間を過ごし、有意義か、楽しいか。友人、知人、お金と同様に、時間はすごく大切なもの。その大切な時間をその人と共有して余りあるかという視点で判断してみよう。

　ある有名人と30代で知り合った。途中から一緒にいても、楽しく感じることができなくなっていた。本書を読んでいる方には、勿体ないと思う人が多いかもしれない。その有名人と食事をすれば、公衆の場で目立つ。

　しかし、自分の基準はそこではなかった。最終的にどうなったか。もう二度とお会いすることもないでしょうと付き合いを断絶した。

　それからの20年は摩訶不思議なことが起こっていく。東京でサラリーマンをしていた頃にはお会いできないような、先人先達や達人（マスター）が、突然自分の前に現れ、勉強させていただいた。そのお付き合いは今でもある。ぐずぐず付き合いを延ばしたことで、運気がかなり落ちていたのである。霞が晴れたように交流関係が色

のあるものとなっていった。

　断捨離のポイントは、心地いい付き合いか、面白いか、時間を共有するに足る人物か。この3つである。

　それをしっかりと整理できれば、ステージが上がった素晴らしい出会いが待っている。

46.　想いの強さを磨く

　弟の話をしよう。彼も少しだけ、変わった職業についている。

　プロ野球の審判。数的にはかなり少ない職業。彼は小学校でリトルリーグ、中学生でシニアリーグ、高校野球、大学野球、社会人野球、アマチュア審判、プロ野球審判という経歴を持つ。

　物心がついた頃から野球のことしか考えていなかったといってもいいだろう。それぞれのタイミングで、色々大変なことも経験したと思う。

　実の弟だからいうのではなく、1つのことだけで、ほぼほぼ自分のヒストリーを完結できることがすごいと思う。

　「好きこそものの上手なれ」はいい言葉だ。ただそれを継続して人生の終盤まで来ることができるのは、並外れた体力と、精神力と、周りの支えがあったに他ならない。

　アマチュアの審判時代に、そのときの長老が、プロの審判になりなさいと推薦してくれた。誰にでも必ず恩師は現れる。真面目に物事に取り組んでいれば、誰か救いの手を差し伸べてくれる。

　2023年阪神タイガースが、レギュラーシーズン18年ぶりの優勝。その試合で球審を務めていた。超満員の甲子園球場での晴れ舞台、56歳でその場に立てるのは、このうえない幸せと感じただろう。想いの強さを磨く。彼を見て非常に大切なことだと実感した。

47. 貪欲に食いこむ

　2020年8月、TBSの朝の番組（立川志らく師匠司会）で、コロナのハワイでの現状を伝えさせていただいた。日本での報道と、ハワイの現状があまりにもかけ離れていたので、自分から出演をお願いした。

　出してくれといって出してくれるものではない。『マツコの知らない世界』に出演直後、ハワイの店に立ち寄っていただいたのが、そのときのTBSの常務であった。2018年の話。名刺交換させていただいたことを急に思い出し、ハワイの現状を長々と書き、「現状を伝えさせてくれる機会がTBSさんにあるとか」と投げてみた。何もしなければ、ただただ沈んでいく気がしたので、やれることをやろうと、アプローチした。すぐに回答がきた。やはり、現状を正確に伝える場は必要なので、『グッドラック』が取材に来てくれることになった。撮影に来られたロケーションコーディネーターも、カメラマンさんも、ハワイの方であった。

　彼らも当時まったく仕事がなく、僕の提案により仕事が来て嬉しいと。僕も現状を伝えようと、メールをしたが、彼らに喜んでもらえるとは正直思っていなかった。それにしても、連絡をしてから、取材、放映と、かなりのスピードであった。やはり、仕事のできる人は、すべてが早い。放映後、東京で常務と会食をする機会があった。上に登って行く方は、感じがめちゃめちゃいい。今はBS-TBSの社長になられた。

　異業種の情報交換は、非常に楽しいし刺激になる。

　彼からいただいた言葉、「あなたのようにしなやかに生きたいです」と。僕の1つ年上の先輩は褒め上手でもあった。僕は、その

80

言葉に舞い上がる。舞い上がれば、更に運気は上がる。貪欲にいってみましょう。

48.　楽しんだもの勝ち

　結局楽しんでいる人が一番輝いている。テレビに出ている人でも起業家でも、楽しくやっている人は明るい。明るいところには、お金も人も集まってくる。これは道理なのだろう。

　これを実践している人は、海外で生活し、悠々と暮らしている場合が多く、表に出てきてくれない。そこまでいくには、紆余曲折もあったと思う。

　今一番楽しいのは、祖国日本とハワイを行ったり来たりすることである。そこで気のおけぬ仲間と時間を過ごす。欲をいえば、もう少し今の楽しさを広めること。一寸飛びにはいかないのは、わかっている。

　以前働いていた会社の創始者カーネル・サンダースは62歳で起業。僕は今年還暦だから、あと2年もある。2年もである。

　僕が、日本で会社に勤めていれば、今年定年。少しだけ気になることがある。中学校時代から一番リスペクトする同級生で、東京医科歯科大学の医者になった男である。医者という職業柄、身を削ってこの歳まで来たと思う。

　その彼が、僕のテレビのドキュメンタリーを見て、もうすぐ定年になる自分に何がこれからあるかと思うと寂しくなったとメールが来た。

　冗談いっちゃいけない。これこそ、となりの芝生は青く見えるの表現そのもの。公立中学、公立高校を出て、小さいときから医者になりたいと志し、その職についた一番自慢の友人である。そうはいっ

ても、エリート中のエリート。謙虚で輝いている。だから彼には華々しい経歴をバックに、60歳からの雇用延長を思い切り楽しんでもらいたい。そして、完全定年になったら、ハワイでビールを飲もうではないか。息子が10歳。働かなければいけないのである（笑）。

　一線で活躍する異業種の人たちと会うのは運気が上がる。

49.　信念、理想

　「ハワイに行きたい」、「ハワイに住みたい」、もし本当にそう思うなら、自分がハワイに存在するイメージを描く。「ヨーロッパに進出したい」、「マツコ・デラックスに会いたい」などの言葉を発する。思い描くと同時に口に出すのも、昔の達人からしたら当然のことらしい。

　いつもいつもいっていると、そっちのほうに寄っていく。これは誠に不思議な現象。僕は「今この人に会いたいな」が、友人、知人、会ったことがない人でも、けっこう実現してきた。現実化されることに意味がある。

　ただ目標を書いているだけでは、何も変わらない。そこで思考が大事になってくる。このパターンならこう、このパターンならこう。日々変化する事情を察知し、いい方向に転換していく技術が必要。

　遠くにあった大きな夢は、目標が音を立てずに、少しずつ、少しずつ寄ってくる。

　だから志は、若ければ若いときから、持っていたほうがいい。

　そうすれば早い段階で、自分で物事の本質を見抜くことができ、どんどんいい方向に走り出す。

　そのときに絶対に必要なのが、信念と理想。これを常に頭の片隅においておくことだ。

50.　日々、いろいろなことを探り、
　　　勉強することで人生は進んでいく

　ハワイである意味、成功者と思う人を富沢氏から紹介された。この方は、若いときからハワイで様々な事業を起こした日系二世。お会いしたのは、彼が87歳のとき。いまもタクシードライバーをしている。

　見た目がとにかく若い。60代にしか見えないのだ。余程好きなことをやり続けているか、人も羨むような家族に支えられているかの、どちらかと思う。両方かもしれぬ。

　日系二世は、一番厳しい時代、第二次世界大戦の経験者。おそらく復興のときなど死ぬほど働いたに違いない。

　話はそれるが、尊敬するダニエル・イノウエさんも志は高い。上院議員として有名であるが、ハワイに住む日系人のためにと、セントラル・パシフィック・バンクを創立した。

　セントラル・パシフィック・バンクは僕のメインバンク。亡くなるまで品のある人であった。その甲斐もあり、国際空港の名前にまでなった。

　話を元に戻す。食事を御一緒させていただいたが、とにかく雰囲気もいいし、威厳がある。そして明るい。何かの話のときに87歳の御仁は、「いつまでも日々勉強ですな」と、いい聞かせるように呟いた。

　それから17年経過しているが、頭には「日々勉強」の響きが今も残っている。世代なのか生き方なのかとにかく背筋がピンと伸びている。

　運気を上げる言葉、日々勉強。

51.　1000万分の1

　人生で、もがいていたことが2回ある。1つは、アメリカに来て労働ビザがなかなか取れなかったとき。もう1つは、東京に生まれて初めての社会人のとき。

　この2つを乗り越えることができなかったときが、一番暗澹（あんたん）たる思いで暮らしていたであろう。首都東京に生まれ、1000万人いるなか、自分のことをどれだけの人が知っているのか？　ということ。今の承認欲求だ。

　有名人になりたいとかではない。この世に生まれて社会人になり、誰にも世間の人に認知されていないことに、愕然とした20代。何か自分らしさを見つけることは、できないか？　アメリカにスーツケース1つで飛び立った、大きな理由はそれであった。

　同じ考えをハワイ島でツアーコーディネーターをしているときにも考えた。ツアーの仕事、永住権さえあれば、今日、日本から来た人でもできるし、採用してくれる。アマチュアとプロの境界線がない。

　ツアーは楽しいのに何も面白くなかった。そこからは忸怩（じくじ）たる思いで毎日を送っていた。しばらくして、経験のないアパレルを始めた。ノウハウも何もない。アメリカに来たときと一緒のないもの尽くし。しかし根気よくやってみた。

　サラリーマンとして勤めた会社でへとへとになるまで働くことができたのなら、自分の会社なら潰れるまで突っ走ってやるくらいの意気込みがある。いつか売れる、いつか時代が自分に追いついてくると信じて疑わなかった。売れないときも、まだ時代が合っていないだけだと、自分にいい聞かせた。

　絶対に諦めなかったから成功を掴み、トップに君臨している人を何人も見てきた。トップに登れた方は時代に選ばれたんだと思っている。

　そして、パンデミックを乗り越え、国際線も再就航した。今でも自分のやっていることが、時代に合っているかは、いささか自信はない。

　しかし、1980年代の東京で、あれだけもがいた1人の青年が、"自分に価値があるか？"という問答は、少なくとも今はない。それは、日本でオリジナルの生地を染め、船でハワイへ運び、それをハワイで縫製する正真正銘のメイドインハワイをワイキキの店で、元気に明るくやっているのは、僕1人だからだ。1000万の1のオンリーワンになった。

　夢を諦めなかった。根気が勝った。明るくやった。楽しくやった。

　そこにあったのは1分の1。これだけは、誇っていいかもしれない。

52.　59歳の今が一番エキサイティング

　もうすぐ60歳、今が一番エキサイティング。

　いよいよ安居楽業（あんきょらくぎょう）、なんだろうな。58歳くらいから、かなり肩の力が抜けて楽になってきた。家族も健康で、仕事も何とか、過不足なくいけてきた。僕は20代の終わりから、好きな言葉がある。それは「安居楽業」。これをずっと目標にしてきた。

　座右の銘とは、おこがましい。この言葉を読み解くとき、やり過ぎ、過不足が思い浮かぶ。成金にはなりたくないと常々思っている。バブルの頃のようにベンツに乗り、ロレックスの時計を身につけ、急に変貌する人。急に変貌！　ここが肝。

ちなみに僕は、ドイツ車が嫌いなわけではない。カーグラフィックという雑誌を創刊から購読し、どうしても欲しかったポルシェ356 に乗ることなく亡くなった父親は、無念だったと思う。だから、この356 をずっと探していたが、どうやらアメリカでは厳しそうだ。それはそうだ。僕が産まれたときの1963 年製か1964 年製の車である。

　だから人生最後に乗りたい車はポルシェ911。できるかできないかはわからない。

　安居楽業を手に入れた今、どうしてもそれを手に入れたいかというと「？」である。それと結びつくなら、それも運命。あなたもこの安居楽業を少し紐解いて欲しい。好きな場所に住み、好きな生業を持ち、そこを居住地とする。

　運を安定させるために僕は目標にしている安居楽業。いい言葉だ。

〔ポルシェ〕

第 7 章

絶体絶命から

53.　コロナの意味

　本当にパンデミックにはやられた。今までの人生で経験をしたことのない先の見えない戦いであった。自分の力ではどうにもならない、目に見えないものであった。終わってみれば、ただただ自分の預貯金が減っただけの2年半であった。

　ハワイは日本のみなさんが思うより、大きく傷ついた。1992年4月にロサンゼルス暴動を経験している。そのときも外出禁止令が出た。2020年は、ほぼそれと同様な感じであった。家から1歩出たら逮捕とまでは行かないが、海を散歩していると、警官が寄って来て「マスクをして早めに帰りなさい」といった。警官が寄って来ただけで、捕まるかもしれないというような恐怖。かつて経験したことがない。

　世界最大のリゾート地が、歩くのさえ憚れる瞬間をどう表現したらいいかわからない。ワイキキでさえ、人っ子1人いない状況があった。あれだけ人が歩けないくらい混雑していたワイキキに、人が見当たらない。ショックを受けたのはいうまでもない。

　僕のアロハシャツの店は、2020年3月23日から2022年2月3日まで完全クローズした。実は僕の読みの甘さが、自分を追い込んでしまった。パンデミック開始から2か月くらいで、完全閉店したところが多々あった。

　なぜ自分は読み違えたか。それは過去の経験によるものも大きかった。2001年の911テロ、2008年のリーマンショック、2011年の東日本大震災。どれも世界でいち早く、ハワイは観光客が戻って来ていた。きっと叡智を集結させれば1年くらいで終息に向かうと考えていた。最初はのんびり構えていたが、失業保険は

打ち切られ、国際線の復活する気配もない。とうとう1年間の収入はゼロになり、お金が出ていく一方であった。不動産の管理会社とも交渉したが、家賃の減額は一切認めないと。後からわかったが、ハワイの一部とニューヨークの一部は、一切家賃の減額はなかった。

　このままではジリ貧で、夜逃げしかなくなる。名古屋の常連さんからアドバイスがあり、クラウドファンディング（以下、クラファンという）を実施するに至った。クラファンは、日本からのご支援のみであった。クラファンに適した商品をつくる材料が大量にあり、それらを商品化していった。

　皆様からご支援していただいた結果、2か月で約800万円集まった。もちろんここから制作費、郵送費、関税が引かれる。無形のものでなく、すべて形あるものをリターンとして提示させていただいた。

　制作、出荷は慣れていたが、説明書き、サイトの作成、商品の掲載はすべて1人でやった。あんなにパソコンの前にいたのも、記憶にないくらいであった。これは、経済的なだけではなく、精神的にもきつい大きい出来事であった。

　思考がどんどん小さくなっていくなか、投げやりになりそうな気持ちになったことは、多少あった。なにせ人と接するが好きなのにできない。ほぼ2年、外に出ないので大好きな洋服も着ない。外食が好きなのに店内で食べることもできない。こんなに不自由を感じたことは、生まれて初めて。

　このとき、何百人という方から、叱咤激励をいただいた。そのほとんどが、「お前なら大丈夫！」と。僕をフォローしていただいている多数は、根拠のない大丈夫を僕に対して確信的に持っていたことに笑ってしまった。そう、見えるんだなって。

　確かに、この100年に一度のパンデミック。何とか乗り切れそうだという、根拠のない自信はあった。この自信とお客様と友人、

知人、家族に支えられた。

　運気を上げるには、ときには根拠のない自信も必要だ。

54.　それでも楽しめるか？

　2020年3月23日、ハワイはロックダウンの日を迎えた。何が
ショックだったか。世界的パンデミックだから仕方がないと、世界
の人はそう思ったであろう。しかし、僕ら一般庶民で、コツコツと
商いをしてきた者は冗談じゃないと思った。

　2012年11月ワイキキの外れに店をオープンしたとき、「店主の
都合により今日は閉店致します」のくだりが一番嫌いであった。も
ちろん人が集まりにくい場所や都合や事情がたくさんあると思う。

　しかし、僕は世界で一番の観光地に店をオープンするのだから、
来店されるお客様が「店の都合で」の張り紙を見たときのがっかり
感は、想像がついた。だから勝手な自分の矜持(きょうじ)で、365日オープ
ンを、2012年11月7日から2020年3月22日にまで続けてきた。
自分なりのこだわりであった。

　それが、パンデミックで約2年間、店をクローズ。今まで、雨の
日も風の日もハリケーンのときも、風邪をひいて熱を出していると
きも休まなかったのに簡単に強制終了。そんなことがあってもいい
のかというのが、素直な気持ちであった。そこからモチベーション
を上げるのは、至難の技であった。

　最初は家から出ることさえ憚られたが、少しだけ落ち着いてきたと
きに、好きな写真を撮りに出かけた。自然と対峙することで、すべ
てリセットしてくれるような気分になれた。

　ハワイは国際線が、2年も就航しないという状況で、凄いなと思っ
たことがある。ハワイ州と、セントラル・パシフィック・バンクが

協力し、500 ドルのレストランで使えるカードを発行した。それは閉店を余儀なくされているレストラン救済のプログラム。

　イートインができなかったので、テイクアウトでみんなが使った。500 ドルはけっこうな金額である。こういうシステムを考えた人は凄いと思った。やみくもに補助金を配っても、どこに行くかわからない。自治体でこういうシステムを導入したことで、地元に元気が出て、レストランは助かり、落ち込んでいた人々は美味しいものを食べ、幸せな気分になった。

　僕は無類の時代物好き。小説も好きであるが、TV シリーズ、映画も好きである。茅ヶ崎の恩師が、家に Slingbox という機械を設置してくれ、ハワイで「時代劇専門チャンネル」を四六時中見ることができた。

　仕事がなく行くところもない。四六時中時代劇を楽しんだ。普通なら時間がとれずに見ることもない作品にまで手が伸びた。好きな写真を撮ること、美味しい物を食べること、時代劇を見ること、これに支えられたパンデミックであった。

　あなたは窮地に陥ったときに、どれだけ楽しめますか？

　楽しいを見つけ出すことで運も引き寄せられます。

55.　やり方はある

　生き方、ビジネスのやり方は人それぞれである。行き詰まってしまったとき、どうにもできないと思ってしまうことがあるが、これは錯覚。どうしても道がないということはない。もっとソフトに考えても構わない。しかし、これは基本、返せそうにない莫大な借金を抱えた人の話ではない。絶対に無理なことはやめる、逃げるという判断が、必要なときもある。

そうではなく、売上をあげたいとか、企画を通したいなど、資本主義のなかでの話。新しいチラシをつくる、購入してくれそうな新しいクライアントを探すなど。商品やアイデアは、売れる人のところに売れる場所に、持っていく。需要のあるなしを、見極めるのがポイント。パンデミックで、一番辛い声がけは「明けない朝はない」であった。

　確かに、いおうとしていることはわかる。しかし明けない朝の気分になっているのも事実。「やり方はあるさ。今できることだけをやらないか」といわれたほうが、どれだけましか。

　「頑張って！　明けない朝はないよ！」は、人に言わないようにしてみよう。それで運気が下がらない。

56.　自分を失わない考え

　気分やモチベーションを下げない一番のやり方は、人の話を真に受けないこと。これが大事。人は、自分と他人を比較しがち。隣の家、車、子どもが通う名門校。これはどうでもいいと思う。自分が面白く、楽しくやっていれば、他と比較している時間なんかどこにもない。

　隣の高級車を羨んで、それが手に入るか？　そうではないだろう。人のことが羨ましいという思考がなくなったとき、真の自由と楽しさが巡ってくる。気がついたのは、30代中半。20代にそういう思考になっていたら、もっとよかった。

　これは物だけでなく、思考や企画なども同じ。ケチをつける人は、絶対にいる。

　自分が心底惚れた考え方、企画ならぶつけてみよう。それが実現しなくとも、いい経験になる。やる前から諦めるより、遥かにマシ。

僕は、SNSでの評判など、何1つ影響を受けない。エゴサーチなんてこともしない。やると決めたら、段取りよく実行しよう。

　反対する意見に耳を傾けず、進んでみよう。僕はそうして来たから、今がある。家族や近い知り合いは大切にするが、いくら力んだところで、日本の1億人を幸せにすることはできない。まずは、自分を失わないで、近しい人から幸せにしてみよう。

〔店で、フィリピンからの常連さん〕

〔コロナ、誰もいないワイキキ〕

第8章

メディアを
うまく活用する

57.　基本は出ない

　2018 年の『マツコの知らない世界』がテレビ出演の最後と常連さんには伝えていた。ところが、世界が荒れたパンデミックで、またゼロからのスタートになってしまった。ちびちびと上げていった知名度というやつが、ゼロになった。だから今ガイドブックの取材の他、YouTube など 何でも受ける。基本は「何でこんな還暦のじいを望む人がいるのか」と、いつも思っている。

　10 年前に出演した関西地上波『グッと地球便』のほうがかっこいいし、勢いもある。今は、知識の上乗せくらいしかない。だからメディアに出たくないのである。出るのであれば、ランニングし身体を引き締め、髪を整えて、失礼のないよう心がける。それも今は使命と考え、依頼があれば出させていただく。ただ提灯記事のような、アロハシャツを掲げて、これ僕がつくりましたなんていうのは、もうごめんである。

　還暦を迎えて、海の向こうから、若い人に何かメッセージがありますか？　なんて番組があれば、いくらでも出させていただく。どちらにしても、出た後は風化する。

　できるのであれば、風化しないような出方をしたい。誰か 1 人でも面白い、楽しそうといってもらえるのであれば、それは自分の運気が落ちていない証拠。その確認のために出る。

58.　戦略に合うか？

　会社には、従業員がいる。だからこそビジネスの戦略は、練らねばならぬ。これに掲載されてプラスか、この映像は十分か、それは

しっかりと判断せねばならない。

　2023年夏、TBS『サタデープラス』の取材を4日間密着で受けた。密着は、JALの機内誌『アゴラ』以来であった。本当に恥ずかしいものである。すべてをさらけ出すのだ。覚悟が必要だ。この取材を受けたのはお盆時期。ハワイでは、稼ぎ時といっていい。それが何と、2日間人っ子1人、入って来なかった。もちろん売上はゼロ。このテレビ出演は、ある意味出ざるをえなかったというのが、本音。

　どんなところを切り取られるか、見た人の反応など未知である。そして、この企画を持ってくれたロケーションコーディネーターのマイクさんから送られてきたビデオを見て、感心した。出来上がりはいいし、嫌味もない。これならいいと、僕は勝手に判断した。

　放映の翌日から、「テレビ見ました！」とお客様がお越しになり、誠にハッピーな気分となった。パンデミックのこと、マウイの火事のこと、ハワイのこと、自分の伝えたいことが、ぎっしり詰まった20分であった。これにはTBSさんと関係ディレクターさん、マイクさんに感謝したい。

　これにより運気は爆上がりした。そういう時期と企画であった。

59.　面白いか？　楽しいか？

　テレビ、メディアに出るかの判断は、助平なものではいけないと、いつも思っている。判断基準は、面白いか、面白くないか。

　それは、メディアだけでなく、コラボレーション戦略も同じ。まして密着取材は、面白くなければやる気にならない。このシンプルな基準のおかげで、けっこう上手くいってきた。

　取材を受ける側もする側も、楽しいほうがいいに決まっている。だから企画を聞いて、その基準で判断するのが重要な鍵となる。

『アゴラ』は JAL の機内誌。飛行機好きだから受けた。『マツコの知らない世界』は、単純に面白そうだから出た。『サタデープラス』は、増田明美さんのナレーションが面白いから出た。

それらの基準は、間違っていなかった。実際、見ましたと嬉しそうに来てくれる方々がいたのだから。

取材する側も、される側も、見る側も、すべてよければ三方よし。

運気は確実に上がるのである。

〔取材を受ける〕

第 9 章

子育て

60. 変わった子で何が悪い

　僕は幼少から「変わった子だね」と、いわれ続けてきた。社会人になっても同じように「お前変わっているな」と。

　変わっているは、僕の人生の合言葉といっても過言ではない。普通、変わっていると表現すると、揶揄されている気分になる人もいるだろう。

　しかし、自分はその評価が嫌ではなかった。根底にあるのは、物心つく頃から、人と同じことが好きではなかったということ。捻くれ者といわれれば、違いはない。しかし、気が弱い子どもなら、それをいわれ続ければ、引っ込み思案になるかも知れぬ。

　学校の勉強も、最初からためになるものではないと腹をくくっていたフシがある。会社に入っても会議では全く身が入らず。しかし、責任感は人一倍強く、会社にいる間は、業績をいかにして上げるかばかり、思案していた。ためにならなそうな会議では、出席している責任者の顔を見て「こいつは、なかなか仕事ができるな」、「こいつは駄目だな」と、時間を潰していた。

　一番酷いのは、会議を欠席し、新宿で上司と東映ヤクザ映画を観に行ったこと。ろくでもない社員である。その映画は、仁義を大切にする内容で、映画館を後にするときは、晴れ晴れとした気持ちになったのを覚えている。あまりよろしくないが、つまらない会議より、感動する映画に走った。これは幼少の頃から変わらない趣味嗜好。

　中学生のときから 60 歳 になる今も、好きな映画は「ディアハンター」。過酷で悲しい、ベトナム戦争を題材にした映画。高倉健さんもこの映画が好きなトップ 3 に入ると何かで読んだ。中学生が高

倉健さんと同じ好み。

　うちの息子も、同じような思考らしい。自分の大好きな iPhone を段ボールで作成し、仲のよい友達に配っていた。予約殺到。

　本人も期待されるのが嬉しいらしい。公園で遊んでいると、周りの人に「iPhone つくって人にあげる変わった子」と、いわれていたらしい。

　世間の評判なんて関係ない。僕と家人は、彼に「凄いね、いいね」のオンパレード。鼻をふくらませ、「みんな欲しいっていってるよ」と。当時6歳、パンデミックの頃である。

　変わっている？　それは褒められていると思ってみると、人生は楽しい。

　もちろん運気も上がる。

61.　親はバカ

　子育て論であるが、親はバカである。

　子どもに関しては、見えなくなることも多いようだ。うちは誰が何といおうが、家の中心は自分と家人。最後に息子。その秩序が、子どもが1番になると色々厄介になってくる。しかし、ほとんどの日本人は、子ども中心の生活である。

　もちろん、息子は可愛い。しかし、ところどころで厳しいことを彼にいう。10歳になる今でも半べそをかくことが、ときどきある。それでいいと思っている。昭和の時代には、道を外すと注意する大人がいた。今は見て見ぬふり。本当に「事なかれ主義」でいいのか。人様にできなくても、せめて自分の子どもにはちゃんとしようというのが、僕の持論。

　日本で見るに見兼ねる場面があった。15年前、満員電車に、大

声で電話をしている男がいた。事なかれの時代でだれも注意しない。僕は立ち上がり、その男に歩み寄った。大声で話している男に向かって、「うるせぇ！」と、いい放った。男は若い僕に「すみません、すみません」と謝る。そこから座っていた席を見ると、満員にも関わらず、まだ空いていた。スタスタと席に戻った。

こういう話を息子や甥っ子たちに聞かせる。義理の妹たちは、それで刺されたらどうするのと心配する。「だから TUMI のバッグを持ち歩く」というオチ。ちなみ TUMI のバッグは弾丸も通さないという品物。

もう１つ。６年前、東京北千住のホテルでの話。エレベーターから出ようとすると、チェックインカウンターが、騒々しい。聞き耳を立てると、どうも立場が弱い女性スタッフ数人に、「態度が悪い」と宿泊客ががなり立てていた。彼女たちは、困り果てていた。

僕はその30代半ばの男に、「ガタガタうるせぇ野郎だな。表へ出ろ！」と、いった。男は「なんだテメーは。引っ込んでろ」という。

「お前が公衆の面前で、大声で文句たれてるからじゃねーか」と僕。女性スタッフに「埒があかないから警察呼んで」と静かに言った。５分後に警察は現れ、その男に指導していた。

その後どうなったか？　支配人が部屋まで菓子折りを持って来て、「お部屋スイートルームに変更しておきました」と。僕は目を丸くした。聞くと女性スタッフたちは、ほとほと困っていたそう。「どうも有難うございました！」と何度もいわれた。

やはり困っている人や、怖くて言えない人も、いるんだなと。こういう馬鹿な大人がのさばらないように、小さい頃から工夫をするのである。

この電車とホテルの辺りから、運気が上がった。正しいことをしたからであろうか（笑）？

第 10 章

会社員の心構え

62.　サービス業の心得

　初めからサービス業が得意だったわけではない。高校生のときに接客するためカウンターに初めて立ったときは、緊張したのを今でも覚えている。

　では、どう克服していくか。丁寧に接するというのは、基本中の基本であるが、その一歩上を目指すのが難しい。LA、サンフランシスコ、ハワイ島でツアーコーディネーターとして働いていたとき、ふと考えた。自分がしているのは、直接お客様と接している割には希薄な感じがしてならなかった。テクニックではなく、どうしたら本当にお客様に喜んでもらえるだろうかと、日々思案していた。辿り着いた答えは、お客様と接するときに、自分の家族と接しているのと同じスタンスにしてみるということ。

　そこからは、普段より接客が丁寧になった。それはそうであろう。自分の家族には、いいものを見てもらいたいし、美味しいものを食べてもらいたい。同じ案内をしていった。それをする前と後では、同一とは思えない高評価をいただいた。

　ツアーでは、指名が入るようになった。顕著に現れたのだ。これはすべての接客に使える。苦手な人は、家族に接しているように行動してみると、多くの人から喜ばれる。

　実践して運気を上げてほしい。

63.　評価してもらうには？　百貨店の話

　会社内で評価してもらうにはどうしたらよいか。サラリーマン時代は、ひたすら業績を上げ、数字で示すことを実践していた。年を

重ね、取引先の若い世代とも仕事をするようになっていく。そこで、どんな人物が上から評価されるのか。それは間違いなく人当たりがよく、仕事ができる人間である。当時の担当のバイヤーさんは、ハンサムで人当たりがよく、仕事もできた。おまけに気遣いもできる。僕がハワイから訪れる際には、もちろん手土産を持参するのだが、バイヤーさんはいつも「つまらないものですが」と、用意してくれていた。彼は 30 代中盤、男性社員、女性社員、どちらの部下からも慕われるサラリーマンの鏡のような男であった。上司も、可愛くて仕方がない部下だったと思う。出世も過疎的に早かった。

　人に雇われている身でも、やること、心掛けることは山ほどある。社内の人によくしておけば、必ず応援団が結成される。企業に雇われているのだから、上を目指すのは、本人にとって悪いはずもない。そして素晴らしい部下を育ててもらいたい。

　そして仕事で取り組むときの極意。「今やれすぐやれ早くやれ」を実践すれば上に更に登ることができる。

　自分のステージを上げ、人を育てる。これも運気を上げる 1 つのコツである。

64.　金を使って、気を遣って、頭を使う

　サラリーマン時代に、僕が一番感銘を受けた言葉の 1 つである。最初は誰も仕事ができない。わからないのだから当たり前。では、自分のポジションが上がっていくには、また上がったらどうするか。

　金を使って、気を遣って、頭を使えば上にいける。今の会社員には、上を目指さずそのままでいい人がたくさんいるようだ。以前は昇進すれば給料が上がった。給料があがれば生活自体よくなる。物欲も満たせる。車、洋服、海外旅行……。これも今の時代の人には

関心のない出来事らしい。

　果たしてみんなが全員そうなのかと、それは疑う。自分の望む収入があれば、買うものはあるのではないか？　海外に行きたいのではないか？

　聞くと僕が日本にいた 1991 年当時から給料が上がっていないらしい。それを聞くと、買いたいのに買えないのではないか？　行きたいのにいけないのではないか？　すべてをやる前に諦めているのではないかと心配になる。もしそうだとしたら、僕ら大人のせいである。会社内で自分の価値を上げる場所も、上げるタイミングもきっとあると思う。

　そのときに少しだけ「金を使って、頭を使って、気を遣うこと」を実践してほしい。

65.　部下を持ったら

　僕には、恩師と呼べる人が、かなりいる。その 1 人の話をしよう。あなたが会社勤めなら、役に立ちます。アルバイトで採用してくれた恩師からの教え。

　恩師が 25 歳、僕が 18 歳の春である。アルバイトから社員となった 4 月、別の店に配属されたが、入社前に「お前は経験のない大卒より 3 年先を行っている。会社にいる間は、常にこの 3 年差をつけて前に行け」とアドバイスをもらった。

　彼もアルバイトから入社をした人の 1 人。その段階で、差がついていたのを実感していたのだ。だから、僕が退職する 26 歳までは、同期の大卒より先に行けたと思う。このとき、アドバイスがなかったら、今のハワイでの生活は、なかったかもしれない。

　人生のパズルで、絶対に外すことのできない 1 つがこの言葉。

「3年先を歩け！」。昭和の時代に、これほど感銘を受けた言葉をもらえたことは、本当に幸せであった。だから今でも、今年還暦になるが、人より3年先を行っているかと考える。考える必要もないし、考えなくてもいいハワイに住んでいるが。

部下を持ったとき、部下に大きな影響を与えていると自覚して欲しい。大なり小なり、影響を及ぼす。いい影響ならよいが、悪い影響はまっぴらごめんだ。だから部下を持ったら、当たり前であるが、親切に指導する。できれば、人生観みたいなものを若い社員に教える。それを実行するかしないかは本人の自由。

もう一例、入社して半年後に、この恩師と同じ店の配属となった。偶然か、必然だっかは、今でもわからない。新しいお店のスタッフと副店長。アルバイト時代からの上下関係なので、阿吽の呼吸があった。

可哀想だったのは、それを知らずに配属された店長。いつも蚊帳の外の状態。若かった僕らは水を得た魚のように、店を切り盛りしていった。

新しい店は、開店して10日、毎日数時間しか睡眠できないほど多忙を極めた。そんなときに、「木内、俺らはこれから人が9時間でこなす仕事を6時間で終わらせ、3時間遊ばないか」と恩師からの突然の提案。あまりに突飛な話に、一瞬戸惑った。9時間の仕事を12時間かけてやり遂げる社員が、美徳とされていた時代である。このとき、僕のなかで何かが弾けた。

以後の人生で、仕事は早く片づけて、遊ぶんだという感覚を18歳で学んだ。一生懸命仕事をして、思い切り遊ぶ。昭和58年の話である。今でも斬新だ。だから仕事は辛いだけでなく、楽しいと思えるようになった。効果は絶大で、仕事をバンバンこなし、遊ぶことを実践したら、上司からの評価が一変していった。こんな気づき

をくれる上司がいたら、部下は幸せである。

　いい「影響」を与えるのが、上司の使命。部下に素晴らしい言葉をかけることができれば運気は上がる。

〔会社員のイメージ〕

66.　退職と再就職の間は、大きく空ける

　これは、すごく重要だと思っている。ぱっとしない平坦な人生を
歩いている人に限って、退職後に自分の自由になる間を1日も空
けない。何かを変えたいといってはいるが、変わるアクションもな
い。運気を上げようと思うのであれば、昔からいうように英気を養
う。先人先達の言葉は、ぽっとあるわけではない。自分自身の体験
であるが、この間を空けたことで、後にすごく踏ん張りが効いた。

　1991年4月に会社を退職してから翌年1992年LAでツアーガ
イドになるまで、約1年間、働かなかった。これは、せっかく与
えられた人生のなかでの素晴らしいプレゼントである。

　1つの会社に定年まで勤め上げれば、その機会はない。退職した
人間だけに獲得できる未来を豊かにする時間である。これは、収入
がなくなるわけだから、貯金がなければ不安だろう。しかし、人生
でそうそう体験できる時間ではない。だからこのタイミングで、頭
と身体を休め、次に備える。長い人生では、1年なんて短い時間。
それを楽しみに使う、好きなことに使う、友人との時間に使う、恋
人との時間に使う。

　やりたいことは山ほどある。やりたいことがないのであれば、今
一度人生設計を見直したほうがいい。不幸になるために人間生まれ
てきたのではない。楽しむため、周りを豊かにするために生まれて
きた。そう考えを改めてみよう。

　そうすれば、この退職と再就職の間が、宝のように思えてくる。
せっかく間を空けて何もしないのであれば、しないほうがいい。有
効的に今後の豊かさに繋げる時間としてお金と同じくらい大切にし
て欲しい。この「間」で運気爆上がりを目指す。

〔退職と再就職の間は楽園〕

第11章

勝負

67. 若い人に、頑張れは駄目

　若い人に限らず「頑張れ」は、よい言葉ではないと思う。日本の高度成長期は、「頑張れ、頑張れ！」できた。

　その代償が、今来ているのかも知れぬ。頑張って、頑張ってきたから、心が折れると、みんな「こんなに頑張ってきたのに」と絶望する。

　だから、「頑張るな」と声を大にしていいたい。踏ん張らないといけない時期は、人生には必ずある。「頑張る」を、「力を入れる」とか「楽しく取り組む」とか、他の表現に変えてみてはどうだろうか。踏ん張って出るのは、うんこだけといつも思う。人生で、力んでみても仕方ない。

　母方の祖父が、明治の人には珍しいモダンで洒脱な人だったそうだ。僕が 5 歳のときに、亡くなったので印象はない。

　祖父の座右の銘は、「苦労は買っちゃいけない」。これはどういうことか。昭和生まれの僕らでも、若いときには、「苦労は買ってでもしろ」という風潮は、世間に溢れていた。伝え聞いた祖父の話によると、「苦労すると人間いじける、いじけると、どんどん悪い方向へと進む」と。

　僕もこれに大きく賛同する。食べたいものを、食べることができなければ、やはりいじける。

　欲しいものが、手に入らなければ淋しい。「だから人間苦労なんて、間違っても買っちゃいけない」と。明治の人にそういわれると、説得力がある。二度も戦争を経験した人がいうのだ。苦労が、美徳みたいな時代に。僕が、東京でサラリーマンをやっていた頃も、その風潮はあった。

〔若い人〕

僕は9時間の仕事を7時間でやるタイプ。その頃の日本社会は、9時間の仕事を12時間かける奴が評価される一面があった。要は、苦労人が、好きなのである。

　僕はおそらく、要領のいい奴と見られていたのだろう。たまに自分でも、そう思うことがある。

　しかしそれはそれで、評価されてもいいと思う。今は自営業なので、評価はお客様からいただく。苦労して、苦労して、暗い顔をした人間から、商品を買いたいとは思うまい。

　人は明るく、元気な人から、モノを、サービスを、買いたいのである。

　だから苦労なんて絶対買っちゃいけない。運気は落ちますぞ。

68. 「諦める」も早く

　やり続けることができるものであれば、もちろんそれはやるのがいい。どんなに努力しても全くできそうにないものには、諦めることも必要である。

　わかりやすくいうと、来年から大谷選手になろうと思ったとする。可能性はゼロではないが、それなりの環境など、すべて整わなければ厳しいだろう。

　高校1年のときに、2年上の先輩が陸上競技100メートルで、インターハイに行った。快挙である。40年前に公立高校が、甲子園に出場するのと同じくらいの難関であった。

　僕も上を目指していたが、先輩と練習しているときに、ふと気がついた。僕は100メートル11秒台前半で走っていたが、先輩は10秒台半ばで走る。それが、どういうことか。スターターピストルで反応し、スタートした瞬間、その先輩のお尻が、いつも見える

114

のである。

　16 歳のときに絶対勝てないものもあると、悟った。これは今も感じることがある。絶対に無理なものは無理。このときの経験は、非常に大きな意味を僕の人生に与えてくれた。

　努力して好転するものであれば、ずっとチャレンジしてきたつもりだ。しかし、全くできないことや、苦手なことは極力しない努力をしてきた。要は、時間の無駄なのだ。野球がそこそこうまくても、来年大谷選手にはなれない。そういう考えに変えてから、生きるのが楽になった。去勢を張る必要もなくなった。

　無駄な努力を美徳としない。できないことはさっさと諦めることも肝要。

　運を下げないアクションの 1 つである。

69.　泣くな

　これは賛否両論あるのだが、男は人前でメソメソ泣かないほうがいい。美学の部類か。

　僕は 4 人の甥っ子にも息子にも、男が人前で泣くときは、大事な人が亡くなったときと、口を酸っぱくいってきた。どうしても泣きたいときがあれば、1 人部屋なり、ベッドなりで思う存分やればいい。

　僕は物心がついたときから泣いた記憶がない。弟が 2 人できてお兄ちゃんが泣くのはカッコ悪いと思った。だから有名人、著名人の「男」が、自分の不始末で、穴を空け復帰してきたときにおいおいと泣くのは話にならない。

　プロ野球の評論家が云っていたが、人前で泣くやつに一流はいないと。同感である。長嶋茂雄さんも、日本中が見ていたが引退の挨

拶で泣くことはなかった。超一流の証である。

　僕は泣くなとはいっていない。映画館で感動の大作を見たとき、大切な人との別れ。泣きたくなることは色々ある。色々あるが、人前ではという話。

　僕は運気が落ちると50年も思い続けている。

　あるプロ野球選手が対戦相手のスタジアムでビービー泣いていた。今まで自分が見た男の涙で、一番みっともない光景であった。

　100歩譲って、自分の本拠地ならまだいいが、人様のスタジアムである。あまりいうと、ばれるから止めておく（笑）。

　甲子園や、オリンピックもそう。悔し涙もわからないでもない。甲子園やオリンピックに出られただけで幸せであるし、エラーで負けても顔を上げ、みなと貴重な時間を過ごそうではないか。

　男の汗は未来の貯金。男の涙は未来の借金。

　泣いている時間は勿体ない。運気も下がる。

〔勝負〕

116

第12章

男の美学

70.　自分の理想像

　今振り返ると、僕にはナルシストな一面は、あると思う。どうせ一度きりの短い人生なら、理想を高く持ち生きてみようと。どう生活して、どう生きたいか。また家族、友人とどういう付き合いをしたいのか。取材が来たら、どういうイメージで受け答えしようなど、いつも自分なりの理想像を描く。雑誌、テレビはそう出るものではないが、出るときにはシャキッとした姿で出たいと常々思っている。

　この理想像をつくり上げることが、自分のやりたいことを続ける、面白いことを見つけることなどに、繋がっている気がする。

　その掲げた理想に、少しでも近づいたときの達成感や、高揚感は、図りしれない。だから性別を問わず実践してみて欲しい。鏡は定期的に見たほうがいい。姿は大事。最近は歩いているときにも充実感がある。エネルギーが漲っている。そういうときは、理想を現実に変えた瞬間かもしれぬ。だから仕事でも遊びでも体型でも理想像を掲げるべきと思う。

　理想ではなく、理想像をイメージする。そして運を掴もう。

71.　どうせならモテようよ

　あなたはモテますか？　これも生まれてきたからには、そうでありたいと幼少から思っている。成人してからは、同性にもモテたいなと。今なら、年下の男性から、支持されたいと思うようになった。

　異性からだけモテて同性から人気がないのはただ単純にチャラい奴。30歳を過ぎると顔っていうものがしっかり現れる。だから徳を積まないとといけない。

　同性にモテない男は、女性からもモテづらい。魅力がないということである。この歳になって、わかったことは、性別問わず身なりは清潔でないといけない。まずはそこから。そして歳を重ねるに従い、顔や雰囲気も落ち着いたものにならないといけない。

　しかし、ここが難しいところで貫禄ばかり出てきてもモテない。やはり、清潔感と清涼感、精悍さを持ち合わせるのが肝要。それにより、自分の行動、言動、人の目など、気をつけるはず。

　モテたほうが楽しい人生になるし、運気も上がる。

72.　物知りになる

　若いホステスがいる店で、「ハワイってどこにあるんですか？」と、真剣に聞かれてから、夜の街に僕は出没しなくなった。別の機会に、銀座の店へ連れて行かれたことがある。

　そのときはママさんが話に加わったのだが、僕を案内してくれた御仁の横に女性。僕の横にママさんという構図であった。驚いたのは、女性は余計な話を全くしない。僕らの会話に相槌をうつだけ。しかし、聞かれれば話す。

　逆にママさんは、僕が LA、サンフランシスコ、ラスベガス、ハワイ島、ホノルルに住んでいた話をふると、「サンフランシスコのベイエリアは素敵ですよね」と答える。ベイエリアは住んでいる人が使う表現。一流のママさんは、ここまでの見識がないとなれないのかと、呆然としたのを覚えている。それが銀座。

　それから僕は、雑学に興味を示す機会が多くなった気がする。どんな商売でも、サービス業は、物を知っていて損はない。損どころかプラスでしかない。

　この銀座から、エンターテインメントという言葉を意識するよう

になった。だから、いつで
もどこでも、勉強なのであ
る。華やかななかに知性が
ある。

〔幼少の頃、ワーゲンと〕

　そんな些細な努力を積み
重ねると、運は着実に上
がっていく。

73.　綺麗事

　綺麗事。いいじゃない。
綺麗なモノだけ見て暮らせ
るなら、それが一番いい。
　お陰様で自分の商いが、
アロハシャツという柄と色が綺麗なものを扱っている。
　年の離れた恩師から、「お前は生き方が綺麗だ」と、いわれたこ
とがある。あまり聞き慣れない言葉だったので、ピンとこなかった
が、どうやら過不足なく生活し、おもしろ、可笑しくやり、金の匂
いがしないらしい。確かに僕の性格は、執着しないというのは、往々
にしてある。もしかすると、それがはたから見て、そう映ったのか
もしれない。
　別の恩師からも助言をいただいた。
　金と女は追うと逃げると。今も肝に銘じている。
　それから 17 年経過したが、今では、最高の褒め言葉を貰った気
がする。綺麗に生き、人のために生き、真っ当にやっていれば、運
気は少しずつ上がっていく。

120

第 13 章

バブル

74.　何が悪い？

　今何かと、昭和やバブル時代が掘り起こされる。僕らは何の疑いもなく、普通に暮らしていた。それが今の時代の人から見ると、奇異に映るらしい。確かにバブルが弾けて、数年後に見たジュリアナのファッションやメイクは変だし、肩パッドが入った男のスーツもおかしい。

　世間的に見れば、そういう見方もあるかもしれないが、基本的にはみんな真面目に働いていた。当時の人は、時間を気にせず働いた。残業、残業、残業。もちろん残業手当も、すごく支給された。当然懐が温かくなれば、外に出て欲しい物を買って、美味い物を食べる。自然であった。

　僕はバブルのときに、権限など持つ立場にいなかったのでわからないが、会社のお金をある程度合法的に自由に使えた人は、恩恵を受けたと思っているはず。僕ら世代はそのおこぼれを、飲み会や飲食でいただいていた。

　例えば、どれくらい今と違うか。東京立川の、新店舗オープンで手伝いに行っているとき、終電が終わった深夜 1 時過ぎ、駅の改札口からタクシー乗り場まで 100 人以上の列ができる。平日は毎日であった。

　その光景を店の 2 階から店長と目撃して、何か可怪しいと感じた記憶がある。その店長も 2024 年 4 月にお亡くなりになられた。

　書いている最中に。不思議である。これはどこの都市でも、どこの駅でも、同じ光景。1 億人全員浮かれていた時代。しかし、お金が回り回って、飲食で使う、デパートで使う、タクシーで使う、ほとんどの業種が潤っていた。だから、あながちすべて悪でも、もち

ろんない。

　今、日本に決定的に欠けているのは、休日日数が多いことである。当時は休みが少なく、労働時間が長かったので収入がよかった。

　だから若者に、休日を減らして給料を上げたほうがいいか、問うべきだ。休日ばかりで給料が低い。これでは外に出る気もなくなるし、車を買う、海外旅行、とんでもないとなる。バブルだけを悪者扱いしないで、今の時代は何が欠けているか、国も企業ももう少し考えたほうがいい。

　浮かれた気持ちも、運気を上げる。だから僕は今も「1 人バブル」の気分を毎日持ってやっている。渡辺美里を聴きながら。

75.　景気いいぞ

　日本は、失われた30 年という表現をする。アメリカに来て32 年。日本を飛び出したときから、失われている。非常に残念である。

　80 年代、僕のいた東京は、世界で一番の成長都市であった。諸外国の人々が憧れたであろうマンハッタンを日本が買うなどの辛辣な表現もあったほど。

　アメリカに渡り、旅行会社に勤めだした頃、ちょうど西海岸への海外旅行ブームがあった。ロサンゼルス空港での出迎えも混雑を極めた。サンフランシスコに異動すると、やはりサンフランシスコも日本からの観光客が伸びた。

　ラスベガスに異動すると、今度はカジノの建設ラッシュ。JAL の直行便も就航し、客足は頂点に達した。

　1999 年にハワイ島に移り住むと、JAL の直行便も席がうまり離島ブームがきた。2004 年にホノルルに越してくると、今度は不動産ブーム。コロナで自分はかなり打撃を受けたが、不動産の価格

が 2021 年には過去最高。まだ日本からの客足は戻っていないが、2025 年頃は、大勢の人が戻ってくるだろう。

こう考えると、70 年代の高度成長期、80 年代のバブル、90 年代のアメリカ西海岸、1999 年から 2024 年の現在まで、へこんでいる土地に住んだことがない。エネルギーに満ちた賑やかなところでしか生活してこなかった。これは、偶然も偶然。会社の異動もあったので、すべて自分で選んだ訳でもない。そういう意味では、非常に幸運な人生を送ってきた。

だから、「景気いいぞー景気いいぞー」と 2024 年の今でも口に出していつもいっている。

運気は自分で上げるものだ。

76.　流行りが嫌い、しかし最先端は好き

これは面白いもので幼少のときからの癖である。流行ってからでは面白くない。流行る前のものが大好き。映画も、洋服も、人が騒いでいないときに、名画や名品と呼ばれるものを探すのが好きであった。

1983 年 2 月、ハワイを訪れたとき、ワイキキで日本人観光客を 1 人も見かけなかった。カイマナビーチを歩いていて、「あ、日本人だ！」と見ると、矢沢永吉さんだった。

ハワイが、観光ブームに乗り、最大の客数を運ぶのは 1989 年。その 2 年前にハワイに行ったときには、ノースウエスト航空と JAL が 1 時間に 2 本も飛んでいた。まるで電車並である。今考えると夢みたいだ。

そうなると、どこか自分が、しらけてくる。

1999 年、ハワイ島コナに引っ越した。1994 年最初に訪れたと

〔流行りが嫌い〕

　きは、人もまばらであった。すぐに離島ブームが来て、少し冷めた。

　どうもこの頃から、自分はちょいと先に進んでいると自覚した。

　そして、2001年にアロハシャツのビジネスをハワイ島で始めた。

〔バブル〕

　当初は、中年しか購入してくれなかった。2012 年、ワイキキに
オープンしてからも同じ。どうも時代に合っていない。

　パンデミックの寸前、店も 8 年経過した頃に「いいですね！」
というお客様が増えた。しかし、地獄に落とされた。2023 年 9 月
から、テレビの影響もあり、少し繁盛してきた。

　あまり好きではない言葉は、「アロハシャツ、最近流行っていま
すね」。僕は 2001 年からやっている。

　それから業界の人が、「今年はアロハシャツ着ています」と。そ
れずっといっているから。でもアロハシャツは流行っていない。そ
れでいい。好きな人だけ、ハワイに来てくれればいいし、好きな人
だけアロハシャツを着てくれればいい。

　ブームに乗ったら、後は落ちるだけ。そうではなく、わかってく
れる人を顧客にすれば、長くビジネスは続く。

　僕は 24 年目のシーズンを今年迎える。

第 14 章

達人の考えと習慣

77. シャイな人　鈴木雅之（マーティン）さん

　鈴木雅之さんとお会いしたのは、カレンダーの撮影でハワイにお越しになり、知り合いのカメラマンさんが「衣装として使いたいのでお店を見せて」という流れからであった。そのカメラマンさんのＴ氏も2023年12月にお亡くなりになられた。また不思議。

　鈴木さんの第一印象はとにかくシャイ。話の糸口がなかなかみつからない。音楽の専門家なら僕の恩師、小林克也さんはご存知だろうと話をふった。途端に「克也さんにはデビューの頃からお世話になっています。もし会ったらマーティンがよろしくと伝えてください！」と急に華やいだ雰囲気となった。

　その話を小林克也さんにすると「山下達郎さんからシャネルズの鈴木雅之よろしく」と連絡があったそう。小林克也さんは「俺、顔が黒い変なヤツ好きじゃない」と山下達郎さんにいったそう。しかし鈴木雅之さんのその後の活躍はみなさんご存知のとおり。

　シャイな鈴木雅之さんも、本当は賑やかでお洒落な方。でもさすがにラブソングの帝王。僕が高校1年のときに擦り切れるほど聴いたランナウェイ。67歳にはとっても見えないシャイでいつまでも少年のような方。その道のプロはオーラなんて表現できないくらい輝きが全然違う。やはり一瞬で魅了された。

　一流は短い時間で人を惹きつける。これでも本人も周りも運が上がる。

78. 面白い　小林克也さん

　「ベストヒットUSA」でお馴染みの小林克也さんと17年前に知

り合った。この番組は若者の間で一斉を風靡した。強烈な洋楽ブームの先駆け、火付け役といってもいいだろう。もちろんそれより前の「スネークマンショー」でも一斉を風靡している。

　NHK の英語の番組「英語でしゃべらナイト」の撮影が、ワイキキで行われたときに出会った。運転手が必要とのことで、知り合いのロケーションコーディネーターから電話があった。そのときは、すでにアロハシャツの仕事をしていたので、運転手の仕事は正直やりたくなかった。それに有名人やタレントさんが苦手であった。ただ仲のいいコーディネーターさんだったので、一応「誰？」と聞いた。

　コーディネーターさんが「小林克也さん」と。

　僕は即「やる！！！！！　やらせていただきます！！！」と叫んだ。1980 年代憧れのカリスマ、英語の達人といえば、小林克也さんである。それに 1980 年代一番聴いたカセットテープが、山下達郎のカムアロング２であった。本当に擦り減るほど聴いた。

　その人の運転手。空港に迎えに行くと、夫妻でターミナルから出て来られた。ここから今まで長いお付き合いになるのだが、マネージャー兼奥様、おそらく色々な人が寄ってくるのだろう、２年くらいは、自分の人となりを見られていたような気がする。

　数年後、いつも３人でゴルフに行っていたのだが、「今日は克也と２人で行ってきて」と言われてから、小林克也さんとも奥さんとも急激に距離が近くなった。そして毎年ハワイか東京で、必ずお会いする間柄になっていく。

　小林克也さんの知り合いを、僕に引き合わせていただくとき、いつも「この人、趣味でアロハシャツつくっているの、ハワイで」と、紹介していただく。

　僕にとっての最高の褒め言葉。趣味が仕事。

　本当に家族のように接していただくのを肌で感じられて嬉しい。

たまにお会いするのだが、半年ぶりとはいつもそんな感じがしない。ずっとご一緒させていただいた雰囲気なのである。会話は音楽、流行、映画から政治、大統領選挙まで幅広い。勉強していないと、ついていけない。御年83歳である。声の張り、歩き方もとてもそのお歳には見えないし、感じない。

　最後に2人で確認し合う話題がある。「やっぱり好きなことをやり続ける。そういう奴が面白い」と。

　本当にそう思う。好きなことをやり続ける。そういう奴が面白い。それが運気をあげる。

　2人の共通のワード。絶対なのである。

79.　運命　丹下憲孝さん

　丹下健三氏の御子息。この方が凄いのは、父の大きな背中をただ見ていたわけではないということ。普通なら何をしても親の七光りで片づけられることにある面、反抗心、とてつもないエネルギーで父の残像を消されていった。しかし、どう足掻こうとも父の建造物は今も残る。それを受け入れ今のご自分のスタイルを貫いているところが格好いいのである。

　出会いはもう18年前になるだろうか。ハワイでの取引先であるBaileysで僕のアロハシャツを気に入ってくれ、僕の店が開いてからは贔屓にしていただき、プライベートでも交流させていただいている。

　全く違う分野のクリエイターの方と話し、食事をしていると、ワクワクする。僕は、波長が合わない人とはコーヒーも飲まない。食事をするのはお会いして話をしたい人だけである。

　一流の方を見て思うことは、こちらから連絡した際のレスポンス

が異常に早い。一流になればなるほど早い。面白いくらいだ。だからハワイと東京離れていても「来週東京に行きますが、朝食でもいかがでしょうか？」と連絡すると、5分以内に「木曜日に全日空ホテルで」という運びになる。そのスピードとエネルギーは心地よいのだ。

　一流はとにかくせっかちである。見習いたい。

　ぐずぐずしないから運気が安定している。

80.　会話　笹野高史さん

　達人の会話ほど、興味深いものはない。10年以上前から、対面を希望していた笹野高史さんと、色々なつてでお会いできた。その間に恩師と師匠がいる。

　師匠とは江戸文字の第一人者、橘右之吉師匠である。この方の交友関係がまた広く、歌舞伎界から花街ととにかく凄い。その師匠に、笹野さんとの会食をセッティングしていただいた。初対面なのに、初対面な気がしない。これを思うのは、本当に人間が大きい方だからだと思う。

　アロハシャツ屋の何だかわからない中年男を、手厚くもてなしてくれるのだ。僕はどうしても聞きたいことを聞いた。「どうして役者になられたのですか？」。考えてみればありふれた何度も聞かれたであろう言葉に対して、笹野さんは「実は中学生のときに役者になりたいと思いまして」と、ポリポリ頭を掻く。実に人間味溢れる方だなと思った。その下町での会食は、明るく楽しく進んだ。「寅さんシリーズ」に出演したきっかけや、渥美二郎さんの話など、雑誌のインタビューで答えるような話を、初対面の僕に隠すこともなくお話いただいた。

僕は恩師や、その道でトップへ行く方から、非常によくしていただく。共通していることは、手の内なんか隠さないということだ。それがプロで、人格者といわれる所以だろう。びっくりしてしまう。記念に1枚、写真を一緒に撮っていただいた。あとで確認すると、もう何十年も仲のいい友人に見える。意識はしていないと思うが「凄い」と感じた。達人は手の内を隠さない。

　そうすることで、更にご自分のステージがあがり、運気も最高潮へと導くのである。

81.　思考　細野晴臣さん

　YMOの細野晴臣さんと一度だけお会いしたことがある。YMO(イエロー・マジック・オーケストラ)は、1978年、細野さんの誘いで坂本龍一、高橋幸宏の3人で結成された伝説の音楽グループ。

　友人が細野さんをご存知だったので、スタジオまで出張り、アロハシャツをお渡しした。

　「スタジオでは、なんなんで」ということで、細野さん自ら近くの中華にお連れいただいた。いつも思うのだが、大物の方なら大物な方ほど屈託なく、初対面でも食事にお付き合いくださる。もちろん僕の素晴らしい友人がいなければ、実現しない話ではある。友人にも細野さんにも感謝である。

　食事を始めて色々な会話になる前に「高校生の頃、死ぬほどイエローマジック聴かせていただきました！」というと、満面の笑みで「YMO世代？　YMO世代？」と嬉しそうに指を指した。

　そんな伝説の方と、中華をいただけるなんて不思議で仕方なかった。

　僕はある気になっていたことを質問した。

「あの人民帽とテクノカットはどのように誕生したのでしょうか?」と。また嬉しそうに「あれはロンドンで流行の兆しがあったんだよ。それでいち早く取り入れたんだ」。本当に人民帽とテクノカットは、日本だけに留まらず世界を席巻した。そんな裏話も、気軽に答えてくれるのだ。

「よ!　大物!」　と歌舞伎の大向うの声をかけたくなった。

最後にアロハシャツをもう 1 枚出し、「坂本龍一さんにもぜひお渡しください」と締めくくった。細野さんは「うん。わかった、坂本君にも渡しておくね!」と、気持ちよく受け取っていただいた。

今考えると、なぜ高橋幸宏さんに、あげなかったのだろう(笑)。

細野さんと食事をしてわかったことは、好きなことだけやり続けて大人になった典型的なよいお歳の召し方。

「坂本くん」と呼ぶニュアンスは、小学校の育ちのよい家庭のお坊ちゃまそのままである。いくつになっても少年の心を持つというのは、こういうことだろう。もちろん好きなことをやり続けて。

それも間違いなく運気を上げている。

82.　気配り　マツコ・デラックスさん

僕はテレビに出させていただくのは、それほど好きではない。出るなんておこがましいが、数回だけ、チョロチョロと。そんななか、会ってみたい人はいた。

そのうちの 1 人がマツコ・デラックスさんである。本当に言霊というのは、あるんだなと実感した。2018 年 8 月に「マツコの知らない世界」に、出させていただいた。その 2 年前から、ハワイの店に来る常連さんに、「マツコ・デラックスと会いたい」と公言していたからだ。そうはいっても、なんの伝手も、知り合いでも友人

でもない。ただ何となく会えるような気がしていたのは、言葉に出していたからか?

　僕はハワイ在住なので、この収録のために飛行機で赤坂まで行った。私的な会話はできることもなく、ひたすら弄っていただき収録を終えた。ハワイのクッキーと、何かに使えるかもしれない自分が制作したアロハシャツの生地をプレゼントした。収録を終えてスタジオから出て行くマツコさんは、「ありがとうね〜、ありがとうね〜、」と僕に手を降って丁重に去られた。

　その後びっくりしたのは、収録の翌日 TBS のプロデューサーさんから、僕のあげたアロハシャツの生地を、マツコさんのドレスにして次の収録に着たいと本人がいっていますとの電話があったのだ。

　マツコさんは、ハワイからわざわざアロハ屋のおやじが持って来てくれた生地だから邪険にはできないと思ったのであろう。そんな気遣いをしてくれた。

　「ハワイ行くわ!」という口約束は実現していないが(笑)。

　あれほどの売れっ子で、そんな小さなことにまで気がいくのかと感心した東京であった。やはり達人である。

83.　反復運動　鳥谷敬さん

　鳥谷敬さんには、プロ野球で審判員を務める弟の関係で一度、ハワイのお店に顔を出していただいた。彼も一瞬で魅了されるくらい第一印象がいい。まあ格好いい。店では、長く会話もできないので、印象でしかないが、自主トレとは名ばかりで遊ぶ選手の多いなか、顔の日焼けからすると、ちゃんとやっているなと裏付けできる精悍さであった。案の定、僕がランニングをしていると、アラワイのグ

ランドでひたすら反復運動だけを 30 分以上やっているのを目撃した。普通ランニングの後は、投げたり打ったりすると思う。それがこれでもかと反復運動、付き合っている人が気の毒なくらいにやっていた。

　スポーツをやっていて、反復運動が一番面白くないと感じていた僕は、投げたり打ったりするのであれば、球拾いでもしようと思ったが、そんな気配もないので、退散した。もちろん阪神タイガース現役の頃である。人がやりたがらない重要なことをこれでもかとする。やはりそれが一流の証。僕もわずかではあるが、彼のストイックさを取り入れた。

　当たり前のことを普通にやるのは難しいが、これが基礎となり、すべてに繋がり、運気も上がる。

84.　身なり　博多華丸・大吉さん

　もう 6 年前だろうか、ハワイで博多限定のテレビ番組の撮影に、博多華丸・大吉さんが訪れてくれた。お笑いが苦手だったが、この方たちの受け答えは素晴らしかった。とにかく感じがいいのである。嫌味なところは、一切ないし、偉ぶるところも全くなし。コンビ仲も非常にいいと、お見受けした。全く見知らぬ人にも安定感を与えてくれるのは、やはり人柄であろう。

　お 2 人が選んだアロハシャツも、購入していただいた T シャツも、翌日やマウイ島のロケでも着てくれていた。これでファンにならないほうがおかしいくらい、人がいい。

　大吉さんが、「朝のテレビ番組に重要なのは面白さより、清潔感で顔の手入れに毎日余念がない」といっていた。漫才師のなかでもトップクラスに君臨し、NHK の全国ネットでも好感を得られる一

面を垣間見た。こんな素晴らしいレベルまで到達した人も努力をするんだと。

　だから僕みたいな一般人は、商いをしている以上、清潔感はもっと持たないといけないと、改めて教えてもらった気がする。

　短い時間でも、好感を持てる話し方、好感の持てる対応。これができるから一流であり、続いているのかもしれぬ。

　初対面の方にも、いい印象を持ってもらえる人物になる。これは運気が上がる。

85.　どんなジャンルでも　富澤宏哉さん

　プロ野球セ・リーグ元審判部長である富澤さんには、実弟がプロ野球の審判であることと、無類のハワイ好きであったので、格別よくしていただいた。年2回のハワイ滞在では、食事もずっとご一緒させていただき、結婚式にもお越しいただき、お祝いの言葉もいただいた。

　富澤さんは王さん、長島さん全盛期の読売がⅤ9（9連勝）を達成した頃に活躍された方である。僕も野球少年。必死にプロ野球中継を見ていた1人である。そんな方の話を生で聞けるなんて思ってもいなかった。

　いくつか印象に残った談話がある。1つは長島さんデビューの日。立教大学から鳴り物入りで巨人に入団した国民的大スター。このデビュー戦、富澤氏は1塁塁審だったそう。富澤氏は、金田投手の球にバットは当たらないだろうと予感したらしい。

　その根拠は、その年のキャンプで金田投手は若い後輩をおぶって土手を駆け上っていた。それを見て新人の長島さんには、無理だろうと直感したそう。

　案の定、長島さんは四打席四三振。しかし、凄いのは渾身のフルスイング。今でも語り草になっている。金田さんの新人に打たせるものかという気迫も、それにフルスイングで答える長島さん、どちらも凄い。

　2つ目は粋な話。富澤氏が球審を務めたゲームで、三塁線上の微妙なゴロがあった。富澤氏は「ファウル！」とコール。巨人の川上監督がゆっくりと富澤氏に寄ってきたという。川上氏は「ファウルか？」と質問した。「そうです」と富澤氏。

　そっと川上氏はボールの跡を指さした。フェアのボールの痕跡である。当たらず騒がず「1回貸し」と静かに引き上げたそう。実にカッコいい。

　3つ目は厳しい話。昨今パワハラ云々で騒がれているが、後楽園球場に向かう審判団の話。その頃は重いプロテクターなど自分で持って球場入りしていた。そのときに審判部長だった富澤氏は、水道橋駅から重い用具を担ぐのではなく持て！　と指導されたそう。担ぐより、持つほうが何倍も重く移動には辛いが見た目がいい。ただそれが男の美学。

　最後に素晴らしいエピソードを語ってくれた。

　当時は1年に一度、地方遠征が毎年あった。1年に一度だから、一番心配なのは雨。札幌円山球場での読売主催のゲーム。その日の予報は雨。もしかするとゲームが流れるかもしれない。そんな不安な気持ちを持ちつつも、富澤氏は球場に向かった。しかし、富澤氏は自分が晴れ男だと云うことを十分認識していた。こればかりは天に任せるしかない。

　読売と親しい運営責任者は、富澤氏と他愛もない雑談を30分くらいした後、最後に一言、富澤氏に向かっていい、踵を返し去っていかれたそう。それは「ひとつよろしく」と。富澤氏は僕に、「人生色々

ある。お互い十分に勝手知ってる仲であれば、ひとつよろしくという言葉は助けてくれる。覚えておきなさい」。富澤氏と会って思ったのはプロ野球の審判でなくとも、どんな分野にいらっしゃっても成功をされるような、独特の崇高な雰囲気をお持ちだった。

　僕は今でも忘れない。

　先人先達の運気を上げる「ひとつよろしく」魔法の言葉。

86.　死ぬほど働いた先　（故）永野良夫さん

　第一カッター興業創業者の永野良夫氏。

　僕は近年、この方と過ごす時間が多かった。コロナ禍で、ハワイから日本に行く際に２週間の自主隔離があった。今考えると地獄のような制度。永野氏は茅ヶ崎で悠々と過ごしおられた。貧乏だった僕は、数えきれないほど食事を振る舞っていただいた。残念ながら2022年にお亡くなりになられた。裸一貫で一部上場企業にまで育てあげた手腕は、文字では表現できないご苦労があったと推測する。

　永野氏との会話でいくつかアドバイスを受けた。「木内さんはまだルビコン川を渡ってねえな」と。僕は初めて聞く言葉だった。調べてみると「後戻りのきかない道へ歩みだす、その重要な決断」とある。なるほど、永野氏と出会った頃は、暇さえあれば旅に出る呑気な奴と映っていたのだろう。ちょうどその頃である。このルビコンを渡っていないといわれたのは。そしてワイキキの店も、少し軌道に乗った頃いつの間にか「ルビコンを渡った」とニュアンスに変化が見られた。

　それからは具体的なお言葉をいただいた。「調子に乗っているときが一番危ない」とよく言われた。幸い僕は、少々収入が上がっても、高級時計や高級車に乗るというマインドを持っていなかった。逆に

それをやると、成金以外の何者でもないと、そういう行動を嫌っていた。

もう1つのアドバイス、永野氏は手堅く生きてこられたのだろう。「借金はするな。過剰在庫を抱えるな」。実に具体的な例をあげていただいた。また「俺は若い頃は死ぬほど働いたよ」と優しくいう。

もう5歳を超えた中年に対して、叱咤激励も注意もアドバイスもお叱りも、なかなかしないと思う。

永野氏はいつも正論で僕を諭してくれた。そして、亡くなる寸前、僕のハワイの家に1か月滞在していただいた。週3回ゴルフに自分で運転されて行き、その他の日はうちの息子と公園を歩くという、非常に健康的な滞在で、「来年ソニーオープン（1月）に来るよ」と、8月にホノルル国際空港を後にされた。もうこの頃には、アドバイスもルビコンの話もされなくなった。

それから数か月後、この世を去った。

成人してから記憶にない涙が流れた。

借金をしない、過剰在庫を抱えない。これも運気を下げない極意。

当たり前に思えるが、なかなか深い。これからも肝に銘じよう。

87.　魅了的　大河原毅さん

間違いなく恩師たちは、先人先達であるが、魅力的な人ばかりだ。その方たちの美学は、必ず学ぶべきものが多数ある。1980年代一斉を風靡した日本ケンタッキーフライドチキン元社長大河原毅氏の話をしよう。

日本に「クリスマスにはチキンを食べる」という文化をつくった人物。ちなみにアメリカには、クリスマスにチキンを食べる習慣はない。それを公然とつくった。凄いという以外はない。彼は、カリ

スマという言葉では、かたがつかないほど魅力的であった。年に一度、全国から社員が集まるコンベンションでも、その力を全社員に見せつけた。

海外のKFCからも、主賓が大勢集まる。そのなかで、時折ジョークを交え英語でプレゼンテーションする姿は、僕からしたら映画を見ているようであった。1980年代当時、本社の廊下ですれ違っても、「おはようございます」と挨拶する以外なかった。偶然というものは、一体どこから来るかわからない。ある恩師の1人に、大河原氏と再会の場をつくっていただいた。会社を退職して以来、お顔を拝見することもなかった。16年ぶりにお話でき、ランチを共にさせていただいた。

「お前は、今何をしているんだ?」といわれたので、会社を退職してからの長いエピローグを書いたが、そのときまでの出来事を話させていただいた。

そうすると「おもしれー。来月からちょくちょくハワイに行くから、飯でも行こうぜ」と。僕は1980年代のカリスマ経営者の印象しか持ち合わせていなかったので、いわれていることが、瞬時に判断できなかった。人生、何が起こるかわからないということを実感した。それからはハワイでも東京でもお会いする機会があり、ぐっとくることを教えていただいた。

彼が若き日に先人からいわれた言葉。

If Take care of your people. People take care of you. (もしあなたの周りの人をしっかり面倒みれば、その人たちがあなたの面倒をみてくれる)

先人先達も素敵であるが、それをご自分の人生で、しっかりと実践された恩師が凄い。

日々勉強である。実は僕は漠然とであるが、再会するような気が

していた。そのときに胸を張ってやってきたといえるようにしようと生きていた。

　その通り描いたことが現実になった。

　思考が実現化して運気を上げる。

88.　謎の恩師

　誠に変わった恩師が 1 人いる。出会いも変わっていた。予約をしていた新幹線に、ギリギリで乗ることができたときのこと。後に恩師と慕うその男性は、グリーン車の窓側の席に腰掛けていた。息があがっていたのだろう。僕が通路側に座ると、「失礼ですが、命を削って移動されているのですか？」と話かけてきた。

　僕は胡散臭い男性に、「いえいえ、ハワイに住んでいて、あまりある時間のなかで、暮らしております」と答えた。その後も、ちょくちょく話かけてくる。「もう接待するのもされるのも疲れましたわ」とぽつり。僕も話は嫌いではないので、「ほう、僕は接待したこともされたこともないです」と素直に言った。

　「来週時間ありますか？」と、その中年はいう。僕はスケジュールを確認し、「来週は九州に行っていますが、緩いです」と答えた。「でしたら、来週水曜日、京都祇園花見小路一力の前に 18 時待っています」というと、降りる駅なのかスタスタと行ってしまった。メモには一応名前だけ書いてある。

　僕は狐につままれた感じで、意味を探った。この頃は独身だったこともあり、日本巡業も半分は物見遊山。何かが始まるかもしれないと行ってみる気になった。しかし、東北新幹線で乗り合わせた人が、京都に来るのか？　ヤクザには見えないし、とか色々考えてしまった。

約束の水曜日が来た。騙されたら騙されたときと思い、初めて京都の花見小路に出かけた。祇園も花見小路も初めてである。

　約束の時間に着くと、大柄な中年の男が待っていた。「あ、本当に来た」と嬉しそうな顔で、笑っている。それからは、にわかに信じられないと思うことが待っていた。なんと一見さんお断りの、お茶屋さんに連れていかれた。薄らぼんやりとした道を歩くこと５分。映画でしか見たことのない光景を目にすることになった。

　おかあさんや、ねえさんと呼ばれる人や、自方さんと芸子さん、舞妓さん。生の三味線なんて聞いたこともない。どう振る舞ってよいかもわからない。おかみさんは、お茶屋さんで、おかあさんと呼ばれている。そのおかあさんに、僕を指差し「この人に、新幹線で声を掛けた」と説明した。おかあさんは「また冗談ばかり」と、取り合ってくれない。「本当、本当」と、その中年から旦那に格上げされた男性は、必死に訴えている。

　こういう場に来たことのない僕でも、常連さんであると察しはつく。それからこの旦那は、僕のなかで恩師となり、新幹線で隣り合わせになっただけで、お座敷に数えられないほどあげていただいた。

　人間わからないものである。あのとき、僕が話に返答していなければ、京都に行かなければ、今のお付き合いはない。人となりを瞬時に判断できないと、大事な人との交流もない。

　その恩師は僕にいう。「最近人を使おうとする奴ばかりだよね。だから人には、あげて、あげて、あげるのだよ」と。ちょうど僕はこの頃から人をいかに大切にするかを真剣に向き合っていたので、恩師の言葉は重かった。お座敷遊びの後に、「いつかうちの娘も世話になるかもしれない。そのときはよろしく」と。

　おそらくそんな機会はないだろうが、そういう思考でないと、大物になれない気がした。

142

　江戸の豪商、紀伊国屋文左衛門を見ているようであった。新幹線の出会いから 18 年が経過しようとしているが、まだ何をしている人か特定していない。ミステリアスな恩師である。でもこれ嘘のような本当の話。

　人には、あげて、あげて、あげまくる。運気はこれで登っていくのかも知れぬ。まだそこまではできないが意志は確実にある。

89.　時間持ち

　サラリーマンを経て、自分でアロハシャツのビジネスを立ち上げたが、当初 5 年間くらいはお金がなかった。初めは日本向けに商品をつくっていた。日本に納品するのがゴールデンウィーク前ということは生地の仕込みは、その前年。生地の仕入と、縫製代金を先払いするのである。入金は、1 年半遅れてくるのである。しかも当初は、売れるか売れないかわからないものをつくっていたのだ。

　最初はハワイの取引先と、日本の数軒の取引先のみ。特に日本向けは、4 月に出荷すると追加注文は皆無。あとはハワイの取引先の様子を見ながら生活するパターンが長く続いた。仕込みから縫製工場のチェック、出荷で 2 か月くらいバタバタするだけで、残りの 10 か月は丘に上がった河童なのだ。そして少し収入があると旅に出る。まことに寅さんのような生活を、10 年くらい続けていた。

　意外にお金がないときには、人生のキーマンが僕の面倒をよくみてくださった。こちらは何の取り柄もない中年独身。よくしていただき恐縮であったが、何でよくしてくれるのだろうと考えたものだ。今思うと、結局その達人、先人先達が持っていないものを僕は持っていたということであろう。

　ハワイに住み、暇があると旅に出る。そんな姿が面白く映ったの

かしれぬ。その方たちにいつも言っていた。「僕は時間持ちです」と。

お金持ちならぬ、時間持ち。

それをいうと、達人たちは「それが一番じゃねーか」と褒めてくれた。僕も図に乗るほうで、時間持ちは悪くないと思い始めた。そうすると生活水準も自然に上がってきた。お金がどんなになくとも、いつも元気であった。達人たちに直接援助していただくことはなかったが、楽しく美味しい食事を振る舞っていただいた。お金を援助していただくより、その方たちの人生のエピソードを聞けることが一番重要だといつも認識していた。

自分のないものを宣言するのではなく、自信を持ってあるものを宣言してみよう。自信のあることは、他人にとって魅力的に映る。

自信のあるものを宣言することで運気は上がる！

〔時間持ち①〕

第 15 章

運を下げる

90. 注意で回避

　運を上げるのも重要なのだが、近年僕は運を下げないことをよく考える。例えば、何かで気分が悪くなるとする。そうすると僕は運気が下がると考える。スタッフによくいうがコーヒーのデカンターを、転げて割れるような場所に保管しないようにと。これは、自分にも当てはまる。端のほうに置くと、デカンターや、大事にしているファイヤーキングのマグカップなど、何かの拍子で落ちて割れる。僕はこういう小さなことが嫌いである。気分は落ちる。防げるのであれば防ぎ、できるだけ嫌な気分にしない。

　車もバイクもそうである。出るのが遅くなり、待ち合わせの時間が迫る。そういうときに事故が多い。焦って、通常できる判断が的確にできない。であるならば、常に余裕を持って行動すればいい。

　大型バイクの免許をハワイで取得して、320CC のバイクを 32 年ぶりに購入した。9 割の人が、「ジジイのバイクは危ない」という。

　確かに生身だから、そういえないこともない。しかし、細心の注意を払い、余裕を持って日々やっていれば、それほどでもない。意外に思うかもしれないが、僕は三車線ある道路では真ん中を走り、右の車がひゅっと、左に寄ってきそうだなと感じるときは、真ん中の少し左側を走るなどの細心の注意を払う。左車線の車が「すぅっ」と右に入ってきそうなら自分の車線のわずか右を走る。

　ある占い師によると、災いは防げないという。僕は防げる災いも、あると信じている。そういう注意を重ねることで、嫌な気分にならない。

　これすごく重要。注意で嫌な気分になることを避け、気分のいい毎日に繋げることが運気も上げる。

146

91.　1位を聞くな

　何年か前にある政治家が、「2位では駄目ですか？」と、史上最低の質問をしたのを覚えている方もいると思う。切磋琢磨している技術者が、1番を目指すのは当たり前ではないか？　オリンピックで金メダルを目指している選手に、「銀じゃ駄目ですか？」といっているのと同じ。1番か2番の微妙な位置にいる人なら、いわれなくてもわかる答えである。どんな世界でも勝負の世界で優勝は人生を大きく変える。

　アメリカのスポーツ「アメリカンフットボール」が、とにかく好きである。その頂点を決めるスーパーボウル。これに勝つか負けるかで、選手はのちの人生が全く変わったものになる。スーパーボウルを勝つと、ダイヤの指輪が進呈される。これを持っているのが、アメリカンフットボール一流の証。どんなにレギュラーシーズンでMVPを取ろうが、スーパーボウルリングにはかなわない。選手はそれを目標に厳しい練習をこなしてくる。体当たりされ、大怪我を負えばそれで終わり。そうならないよう努力に努力を重ねる。もし、あなたのおかれている環境で、どんな世界でもいい、1番になれる可能性があるものなら、絶対目指すべきだし、1番になってほしい。

　1番になる、1番を目指すことが運気を上げていくことなのである。

92.　「面倒くさい」を嫌がらない

　30代中盤で、面倒くさいことからやる習慣を日々の暮らしで実践していった。仕事もプライベートも面倒くさいが曲者で、久しぶ

りの休みに、そんなことしなくてもよいと思うかもしれない。ところが面倒くさいことから逃げることで、老いは始まる。面倒くさいことから、まず手をつけてみる。そうすると、いつもエネルギッシュに思考も体も変化する。

　キッチンで山になっている洗い物を早々に片づける、トイレ掃除を先にすます。面倒くさいものから先に手をつけてみる。
やっとの休みに縫製工場から生地が不足していると電話が鳴る。休日に仕事の電話。ほとんどの人は、嫌だと思う。しかし、僕は家から工場まで片道35分、ドライブを楽しみ、景色を楽しみ、音楽を楽しみながら向かう。どうせ行ったのなら、工場の社長と雑談をする。休みの日っぽいラフな格好で現れた僕を見て、休みの日に来たのかという顔をする。それはすべての姿勢に通じる。一時が万事。そんな軽いフットワークを習慣化すれば、色々なことが停滞しなくなる。

　お呼びがかかるのは悪いことではない。今60歳を前にして、東京で夜の街に誘われるのが、一番面倒くさい（笑）。しかし、誘われれば必ず行く。それは運気を下げないと知っているからである。
　奥さんや旦那さんが真剣に欲しい！　と思っている独身者は、まず"面倒くさい"を消去していこう。

93.　恩を返す なんでもいい

　2023年は、お世話になった方や恩義に感じた方に、ご挨拶や会食などを重ねていった。20代前半にすごくお世話になったご夫妻を「人生短いので、ハワイのうちにお泊りに来られませんか？」と、メールさせていただいた。回答は「すぐに行けるものではないが、妻は涙が出るほど嬉しいと言っています」と。できるだけ仕事で関

わりがある若い人を誘い、会食の頻度をあげた。

　こんな僕でも、ハワイから来た「変人」にお付き合いいただけるし、「元気になりました！」とか「めちゃくちゃ楽しかったです！」と、礼をいわれる。ある袖は振ろうよというのは僕の持論。

　それで何か見返りを求めている訳でもなく、お互いに楽しい時間を過ごせれば嬉しいということだけである。

　うちは自分と店長、パートさんを入れても３人。年に二度は、必ず忘年会や新年会、５月くらいには出荷を労い夕食に行く。日々働いてくれる従業員を大切にしないで何を大切にするのか。

　毎日のことは当たり前になっていく。僕はそれが嫌う。何にでも、当たり前というものはない。そういう傲慢な気持ちになったら終わり。そうならないように気をつけている。すべて自分１人だけで完結できるのであれば、気を使う必要はあるまい。しかし、大小問わず組織に属しているのであれば、それを支えてくれる人たちへの感謝は絶対忘れてはならない。

　恩を返す気持ち、そんな素直な気持ちを持っていれば、それは絶対に運気を上げてくれる。

94.　身なりは整える

　人と会う機会があるならば絶対に小綺麗にする、整える。これは最低限のマナー。これができていないと、運も上がってこない。初めて会う人は、顔も見るが、全体的なバランスも見る。洋服とは不思議なもので、制服といわれるものを着ても、お洒落に見える人がいる。反対に、だらしなく見える人もいる。これは生活習慣と、洋服が好きか嫌いかに分かれているのだろう。人に会うなら、確実に身なりを整えておくほうがいいに決まっている。第一印象は非常に

大事。この人は仕事できそうとか、清潔感があるからこの人と働きたいとか、身なりは大きな比重を占めるのだ。

明治のお洒落な人は、50メートル先の煙草屋に行くときも、着物に着替えて行ったらしい。それと、毎日床屋に行き、ヒゲを剃ってもらう洒落者もいた。

現代では、そこまで時間もお金も余裕がないので、せめて整えてみよう。

運気はきっと上がるはず。

95.　知り合いの成功は心から喜ぶ

これはできそうでいて、なかなか難しい。自分があまりよくない環境では、尚更である。ところが、これができるようになるかならないかで、かなり運気の差が出てくる。見ず知らずの人まで、範囲を広げなくてもよい。

まあオリンピックで金メダルを取った人にテレビ越しでも、「よかった！」といってあげてももちろんよいが。まずは家族、友人、知人から近しい人に功績を上げつつある人がいれば、喜んであげよう。

特に若い人は、自分だけ置いてきぼりにされる気がするかもしれない。しかし、他人の成功を喜んであげることで、巡り巡って自分にも返ってくる。

これは驚くほど正確にやってくる。自分の日々の生活や、仕事ぶりがいまいち進展しない人は、周りの成功を褒めよう。

褒められて嫌な人はいない。コツコツやって凄いね。素直な気持ちをストレートに伝えよう。

そうすると自分の運気も上がってくる。

150

96.　政治が国の運気を落とす

　僕は平成の31年間と令和を知らない。昭和の日本しか知らないのだ。そこから日本を出てしまっているから、今日本国内でおきていることが全く理解できない。特に政治である。国民が嫌がることや不快に思うことを平気でする。外国に出てしまったから、余計に国内の惨状は目に余る。

　じいさんが出て来て、記者に「馬鹿野郎」。見ていないから何ともいえないが、いわれたほうもなぜいい返さないのか、不思議でならん。「あなたみたいな時代遅れの方がこの国の成長を30年遅らせていたのではないのですか？」と、何で切り替えさないのか。もうメディアには、矜持というものは存在しない。

　「そんなことをしたら、記者クラブから追放だよ」という声は、わからないでもない。でも、こんなメディア、また政治をする資格もないじいさんに、いわれっぱなしで恥ずかしくないのだろうか。

　ハワイでは、どこの小学校も子どもでいっぱい。東南アジアもしかり。こんなじいさんに託していたお陰で、日本はこんな現状になってしまった。今の日本の政治は、勝てないギャンブラーがやっているのと同じ。博打で身を滅ぼす人間には、同じ共通点がある。それは勝ったときの、イメージが凄すぎるのだ。

　1980年代の威勢のいい日本のイメージを背負い、30年間のうのうと過ごしてきた。未だに経済大国と信じて疑わない。見ておわかりのように政治家が外遊すると自分の国にお金がないのに、大量の金をばら撒く。そのつけがまわっているだけ。メディアに出て来てはいけない人が出て、政治をやってはいけない人がやってきた。これが国の運と力を削いでしまった。

もし、あの御仁が、好々爺で品があり、雰囲気もよかったら、僕が記者なら、「どうしたらそういうよい人生を送れて、みなに幸福感を与えることができますか？」と聞いたはず。それに値しない男ということだけである。

　まだ間に合う。選挙に行こう。僕が1つどうしても謝らなければいけないのは、人生一度も選挙に行かなかったこと。これだけは反省したい。誰かが行ってくれるだろうと甘い考えであった。祖国の再度の繁栄を真剣に願いたい。まだ間に合う！

〔時間持ち②〕

第 16 章

人の意見も半分聞く

97. 無理だね！

　僕は、日本で1番多く出る答えがこれだと思っている。人が何かをやろうとしたとき、ほぼ周りの答えは「無理だね」、「お前には無理」と。何かを決心した相手に対して、この答えは悲しい。まあいきなり「来年大谷さんのようにメジャーリーグでデビューする！」と言ったら、そう答えられても仕方ないかもしれないが。

　用意周到でいつやる！　と覚悟を決めたら、この「無理だね」をいわれても自分の気持ちで押し返して欲しい。

　ほぼほぼ言われるワード。「無理だね！」。

　本当にそうだろうか？　僕も同じことを言われた1人。

　退職し、失業保険をもらっていた頃、少しアルバイトした。大の大人が高校生に使われるピザ屋のデリバリー。1991年の話である。そこで店長をしていた人に、「必ずハワイに住みたいと思います」言ったら、「お前には絶対無理。そんなに甘いものじゃない」と即否定された。このとき、これからチャレンジする人に何でそんなことをいえるのだろうと、怒りを覚えた。

　アメリカに渡りガイドの仕事に就きたい、ハワイに永住したいなどと周りに話した。やはり答えは、みんな無理でしょうと。

　やるのは僕なのに、何で無理だとわかるのか？　いつもそう思っていた。

　1991年会社を退職して、1992年アメリカLAに行っていなければ今はない。もちろん凄い才能があったとか、特殊技能を持っていたわけではない。持っていたのは、人一倍の情熱ぐらい。

　無理、無理といわれても、当の本人が無理とは思っていなかった。チャレンジすると覚悟していた。いつも残念に思うのが、なぜ、や

りもしないのに無理といえるのか？　そういう人たちに限って何も
していない。チャレンジして駄目でもいいじゃない。チャレンジす
る前に諦めるより。これが一番大事。

　今年で60歳になるが、いつもそう思ってきた。

　チャレンジする芽を、社会と大人が、潰すのである。あの頃の年
齢の人に、「何々をやりたい」と相談されたら、話を聞き、本気で
あれば「チャレンジしてみなよ」という。失敗してもいいじゃない、
若いのだから。だからあのとき、「絶対無理」といった人は、なぜ「頑
張れば」といえなかったのだろうと考える。その後その人たちはど
うなったか？　いわぬほうがいいだろう（笑）。

　運は自分で掴むもの。チャレンジなくして運はやってこない。

98.　下級老人

　ニュースを見ていると、明らかに人を揶揄するような表現が無礼
と感じる。お一人様、下級老人、上級国民。悪い言葉が氾濫しまくっ
ている。どれも、嫌で、嫌で、仕方がない。人生、真面目に全うし
てきた人に対して、下級老人とは。

　そういう言葉を使うこと自体、運気が落ちる。

　どうして明るく楽しいことを言葉で表現できないのか？　昭和の
世代は苦労、頑張ればかりでやってきたので、こうなるのであろ
う。アカデミー賞を見ていて、この下級老人と真逆の光景をみた。
2024年の視聴効果賞を日本の『ゴジラ 1.0』が受賞した。制作
陣のなかに25歳の青年が、大きな役割を果たしていたことだ。こ
の青年が監督にむかって、「アカデミー賞取りましょうよ」といっ
たとのこと。

　アカデミーの視聴効果賞は、「タイタニック」や「ジュラシック

パーク」など、数々の名画が受賞しているのである。下級老人、お一人様の寂しい生活を取り上げないで、この有望青年を毎日やって欲しい。下級でなくとも、もう放っておいてと思うことはあると思う。60歳を超えたら、煩わしいことも多いはず。察して、将来有望な若者をテレビで取り上げ続けて欲しい。少しは、世の中、明るくなるから。

コンプライアンスを声高に叫ぶのであれば、運気を下げるようなワードを始末して欲しい。

綺麗、素晴らしい、豊か…。

運気を上げる言葉を日々口にすることが大切だ。

99. 「終活バカ」は豊かになれない

これも運気を下げる。誰かがそれがいいとメディアで流すと、そっちの方向に進む。この終活がいい例。いらないものの始末は断捨離であるが、必要なものの始末は不幸である。何でもかんでも終活。どうしてそんなに、末路ばかりが気になるのだろうか。

終活は、ある面好きなことも処分することになり得る。僕は、今年還暦を迎えるが、やりたいことがあり過ぎて困る。そういう人も大勢いるだろう。そんな人たちには、終活という言葉は耳にさわる。終わりは、突然来るかもしれないし、ちゃんと寿命が推測できる人もいる。

昔の経団連会長だったか。「半年後にあっちに行きますので、この形見を受け取ってください」と近しい人に声をかけたらしい。実に見事である。僕もそうなりたい。

残された者は、必要なものや思い入れがあるものは残せばいいし、僕は人生終える寸前まで好きなものに囲まれていたい。家族、ハワ

イ、下町、江戸文化、写真、カメラ、そしてアロハシャツ。

　誰かがいいからといっても、簡単に取り入れてはいけない。

　今の時代しっかりと楽しくやっていくには、人の意見ではなく「自分で判断する」ことだ。パンデミックも多くの人のいっていたことが何の役にも立たなかった。

　自分の人生は自分で考え、家族とともに最良の道を探るために自分の頭で考えるクセをつけて欲しい。

　終活必要ですか？　それより、今を素晴らしく生きる。そのほうが遥かに大事な気がします。

　終活なんて言葉に騙されてはいけない。終活で豊かになれない。

100.　九死に一生を得る

　実は、人生で3度死にかけた。

　1度目は小学校3年生のとき。普段はあまりない喘息が夜中に急に襲ってきて、呼吸ができなくなり、「あーこれで自分は終わるんだ」と強く感じた。

　しかしその後、突然息ができるようになった。小さかったせいか、走馬灯のように感じることはなかったが、死を確かに意識した瞬間であった。

　2度目は20歳のとき。東京八王子から久米川に、社有車で向かっている深夜12時。国道16号線で青信号を走行中、赤信号を無視してきたタクシーが左横から突っ込んできた。

　このとき、話によく聞くスローモーションのようにゆっくりぐるぐる車が回転している感覚を体験した。「あーこれで終わりなのか」と感じた。その数秒後にパタッと我に返った。すぐ車から降り、タクシードライバーに文句を言って殴りかかろうとしたが、右腕は骨

が見えていた。

　すぐに目の前のガソリンスタンドの人が、救急車を呼んでくれた。翌日友人の何人かは大破した車を見て、完全に死亡したと思ったらしい。

　ちなみに左側から突っ込まれたので、窓ガラスはばりばり、マニュアル車のギアが折れ曲がり、運転席の座席しか残っていなかった。喜劇の香港映画みたいだ。

　そのときに、なぜ助かったか考えた。ちょうど尻のポケットに多賀神社のお守りが入っていた。これは本当の話。だから座席しか残っていない状況でも助かったのかと、20歳の僕は合点がいった。

　最後が40歳のとき。ハワイのアロハシャツの縫製工場で、自分の使用する生地を3メールくらい高い場所で整理していた。脚立が揺れ3メール上から落下。これも数秒のことなのだが、ゆっくりゆっくりと落ちて行った。

　このときも、もう駄目かと観念しかかったが、パタッと我に返った。今度は左腕の骨が見えていた。工場の社長は救急車呼ぼうかと言ったが、そのとき保険を持っていなかったので、きつく縛ってもらい血を止めホノルルのカリヒからワイキキまで自分で運転して行き、緊急で縫合してもらった。

　武勇伝を語っているわけでもなく、それは運が悪かったねと人はいう。しかし、この3度の生き返りにより、自分は運がいいんだ、守られているんだと強く自覚するようになった。

　自分は生かされていると、事あるごとに思うようになった。

　一度死んだ人間は強い。僕の名前は九州生。九が入っている。どうも日本では九と四という数字は敬遠されるらしい。

　しかし僕は幼少の頃から数字の九は大好き。今でも九は好んで使う。九死に一生を得ているらしい。

おわりに

　最後に書くが、何といっても優先順位のトップに置いておかなく
てはならないのが、健康である。これなくして幸せも、楽しいも、
面白いも、やってこない。

　どうしたら健康な体でいることができるか、いつも念頭において
欲しい。体が正しく整っていれば、どんなときでもチャンスは巡っ
てくる。僕は、今すごく健康である。

　色々書いてきたが、遠い異国からのメッセージと受け取らないで
欲しい。このうちのいくつかにピンときたら嬉しいし、それを取り
入れていただくのはもっと嬉しい。

　1980年の東京で今の若者と同じく淡々と生きていた男が、ひょ
んなことから人生が面白く変化した。みなさんも淡々とした日々か
らワクワクするような毎日に変換していってもらえれば、この本を
手にとっていただいた意味があると思う。

　日々運気をあげるヒントは、山のように転がっている。それを見
抜いて、生活のなかに取り入れることができれば、誠に豊かな別の
人生があるはず。

　あなたの今後に期待したい。

　刊行にあたり、関係各所感謝してもしきれません。特に石川和男
氏、瀧千登勢氏には多大なご協力をいただきました。いつか恩返し
させていただきます。

　またハワイで、吉報を待ちたいと思います。

木内　九州生

著者略歴

木内 九州生 (きうち くすお)

本名：木内九州生　通称、KC木内
1964年7月3日　東京、荻窪に生まれる。
1992年 渡米。LA、サンフランシスコ、ラスベガス、ハワイ島
　　　　コナを経てホノルルに。
2001年 ハワイ島コナでコナベイハワイを設立。
2012年 ワイキキに直営店を開店。いくつかのメディアに出演。
　　　　昭和しか知らない男は、男の美学をハワイで探求。
2024年 今現在、面白いこと、楽しいことしかしないをモットーに、目覚まし時計と
　　　　腕時計を必要としない自悠人として生きている。
Website
　www.konabayhawaii.com
FACEBOOK
　Kona Bay Hawaii Store
Instagram
　Konabayhawaii
感想のメールアドレス
　kckonabayhawaii@gmail.com

逆境をチャンスに変えて、人生を楽しむ100の方法
～平凡なサラリーマンから、楽園ハワイで大成功する最強ルーティン～

2024年6月17日　初版発行

著　者	木内　九州生	© Kusuo Kiuchi
発行人	森　忠順	
発行所	株式会社 セルバ出版	

〒 113-0034
東京都文京区湯島1丁目12番6号 高関ビル5B
☎ 03 (5812) 1178　FAX 03 (5812) 1188
https://seluba.co.jp/

発　売　株式会社 三省堂書店／創英社
〒 101-0051
東京都千代田区神田神保町1丁目1番地
☎ 03 (3291) 2295　FAX 03 (3292) 7687

印刷・製本　株式会社 丸井工文社

Printed in JAPAN
ISBN978-4-86367-895-8